Benedikt XVI.
Jesus

BENEDIKT XVI.

JESUS

Meditationen zu den Gleichnissen Jesu

benno

Bibliografische Information der Deutschen Nationalbibliothek
Die Deutsche Nationalbibliothek verzeichnet diese Publikation in der Deutschen Nationalbibliografie;
detaillierte bibliografische Daten sind im Internet über http://dnb.d-nb.de abrufbar.

Besuchen Sie uns im Internet unter:
www.st-benno.de

ISBN 978-3-7462-3324-6

Stammerstr. 11, 04159 Leipzig
Zusammenstellung: Volker Bauch, Leipzig
Einbandgestaltung: Ulrike Vetter, Leipzig
Umschlagfoto: © L'Osservatore Romano, Città del Vaticano
Gesamtherstellung: Kontext, Lemsel (A)

Inhaltsverzeichnis

Die Gleichnisse Jesu 7

Vom Salz der Erde und vom Licht der Welt 8

Vom Haus auf dem Felsen 12

Vom Sämann 15

Vom Unkraut unter dem Weizen 33

Von den Arbeitern im Weinberg des Herrn 39

Vom wachsamen Hausherrn 45

Vom anvertrauten Geld 47

Vom treuen und vom schlechten Knecht 55

Vom Feigenbaum ohne Früchte 61

Von den rechten Gästen 63

Vom Festmahl 68

Vom barmherzigen Samariter 73

Vom verlorenen Schaf 79

Vom verlorenen Sohn 86

Vom klugen Verwalter 116

Vom reichen Mann und vom armen Lazarus 121

Vom Pharisäer und vom Zöllner 126

Vom Fruchtbringen 128

Die Gleichnisse Jesu

Die Gleichnisse des Evangeliums sind kurze Erzählungen, die Jesus gebraucht, um die Geheimnisse des Himmelreiches zu verkündigen. Durch die Verwendung von Bildern und Situationen des alltäglichen Lebens »will [der Herr] uns [...] den eigentlichen Grund aller Dinge [...] zeigen [...] Er zeigt uns Gott [...], den handelnden Gott, der in unser Leben hereintritt und uns an die Hand nehmen will« (*Jesus von Nazareth I,* Freiburg-Basel-Wien 2007, S. 232). Mit derartigen Reden lädt uns der göttliche Meister ein, vor allem den Primat Gottes, des Vaters, anzuerkennen: Wo Er nicht ist, kann nichts gut sein. Er ist eine für alles entscheidende Priorität. Himmelreich bedeutet eben Herrschaft Gottes, und dies will heißen, dass sein Wille als Leitkriterium unseres Daseins angenommen werden muss.

Angelus, Apostolischer Palast, Castel Gandolfo, 17. Juli 2011

Vom Salz der Erde und vom Licht der Welt

Ihr seid das Licht der Welt. Eine Stadt, die auf einem Berg liegt, kann nicht verborgen bleiben. Man zündet auch nicht ein Licht an und stülpt ein Gefäß darüber, sondern man stellt es auf den Leuchter; dann leuchtet es allen im Haus.

Mt 5,14-15

Ein [...] Schlüsselwort der weihnachtlichen Texte in Schrift und Liturgie ist »Licht«. Die Hirten [...] wurden bei der nächtlichen Erscheinung des Engels vom Licht der Herrlichkeit des Herrn umstrahlt (vgl. *Lk* 2,9). Christus, der als Kind gekommen ist – das wirkliche Licht, das in der Finsternis leuchtet (vgl. *Joh* 1,5.9) –, und uns sagt, was es mit dem Menschen ist, was es mit der Welt ist, dass sie nicht einfach aus Zufall und Notwendigkeit besteht, dass eine Idee dahintersteht, und eine Idee die Liebe ist, und dass wir uns darauf verlassen können. Dies ist das Licht, das wir haben und dem wir nachgehen in unserem Leben, damit wir uns in der richtigen Richtung bewegen. Durch Christus erstrahlt der Glanz Gottes auf dem Angesicht des Menschen. Er will, dass wir selbst in unserem Innern hell werden, wahr werden, gut werden, licht werden und dass wir so von uns aus Licht zu den Menschen hinbringen. Er sagt, ein Licht stellt man nicht unter einen Scheffel, sondern auf den Leuchter (vgl. *Mt* 5,15). Es soll aus uns herausleuchten, dass wir Gott begegnet sind, und so die Welt heller machen. Bitten wir den Herrn dazu, dass dieses Weihnachten in uns etwas von seiner Helligkeit wieder neu entzündet, von der Zuversicht und der Freude des Glaubens, und dass davon etwas ausstrahlt in diese Welt hinein, die dessen so sehr bedarf.

Generalaudienz, Audienzhalle, 4. Januar 2012

Wer eine große Erkenntnis, wer große Freude gefunden hat, muss sie weitergeben, kann dies gar nicht für sich selbst behalten. Solche großen Gaben sind niemals für einen allein bestimmt. Uns ist in Jesus Christus ein großes Licht, *das* große Licht aufgegangen: Wir dürfen es nicht unter den Scheffel stellen, sondern müssen es auf den Leuchter heben, damit es allen im Haus leuchtet (*Mt* 5,15). Der heilige Paulus ist rastlos mit dem Evangelium unterwegs gewesen. Er wusste sich förmlich unter einem »Zwang«, das Evangelium zu verkünden (1 *Kor* 9,16) – nicht so sehr aus Heilsangst für die einzelnen Ungetauften, vom Evangelium noch nicht Erreichten, sondern weil er wusste, dass die Geschichte als ganze nicht zur Vollendung kommen konnte, solange nicht die Fülle (*pléroma*) der Völker eingetreten sein würde in das Evangelium (*Röm* 11,25). Die Geschichte braucht zu ihrer Vollendung die Verkündigung der Botschaft an alle Völker, an alle Menschen (vgl. *Mk* 13,10). Und in der Tat: Wie wichtig ist es, dass in die Menschheit Kräfte der Versöhnung, Kräfte des Friedens, Kräfte der Liebe und Gerechtigkeit einströmen – dass im Haushalt der Menschheit gegenüber all den Gesinnungen und Wirklichkeiten der Gewalt und des Unrechts, von denen sie bedroht wird, die Gegenkräfte geweckt und gestärkt werden!

Genau dies geschieht in der christlichen Mission: Dem Haushalt der Menschheit werden durch die Begegnung mit Jesus Christus und seinen Heiligen, durch die Begegnung mit Gott jene Kräfte des Guten zugeführt, ohne die all unsere Sozialordnungen nicht Wirklichkeit werden, sondern bloß abstrakte Theorie bleiben, angesichts des übermächtigen Drucks anderer Interessen, die dem Frieden und der Gerechtigkeit entgegenstehen.

Ansprache an die Römische Kurie beim Weihnachtsempfang,
Clementina-Saal, 21. Dezember 2007

Vom Haus auf dem Felsen

Wer diese meine Worte hört und danach handelt, ist wie ein kluger Mann, der sein Haus auf Fels baute. Als nun ein Wolkenbruch kam und die Wassermassen heranfluteten, als die Stürme tobten und an dem Haus rüttelten, da stürzte es nicht ein; denn es war auf Fels gebaut. Wer aber meine Worte hört und nicht danach handelt, ist wie ein unvernünftiger Mann, der sein Haus auf Sand baute. Als nun ein Wolkenbruch kam und die Wassermassen heranfluteten, als die Stürme tobten und an dem Haus rüttelten, da stürzte es ein und wurde völlig zerstört.

Mt 7,24-27

Das Evangelium [...] legt den Schlussteil der »Bergpredigt« vor, in dem Jesus, der Herr, durch das Gleichnis von den zwei Häusern, von denen eines auf Fels und das andere auf Sand gebaut ist, die Jünger einlädt, seine Worte zu hören und danach zu handeln (vgl. *Mt* 7,24). Auf diese Weise stellt er den

Jünger und dessen Weg des Glaubens in den Horizont des Bundes, den die Beziehung bildet, die Gott durch das Geschenk seines Wortes mit dem Menschen eingeht, indem er mit uns in Kommunikation tritt. Das II. Vatikanische Konzil erklärt: »In dieser Offenbarung redet der unsichtbare Gott aus überströmender Liebe die Menschen an wie Freunde und verkehrt mit ihnen, um sie in seine Gemeinschaft einzuladen und aufzunehmen« (Dogmatische Konstitution *Dei Verbum* über die göttliche Offenbarung, 2). »In dieser Perspektive erscheint jeder Mensch als der Empfänger des Wortes: Er wird angesprochen und aufgerufen, durch eine freie Antwort in diesen Dialog der Liebe einzutreten« (Nachsynodales Apostolisches Schreiben *Verbum Domini*, 22). Jesus ist das lebendige Wort Gottes. Als er lehrte, erkannten die Menschen in seinen Worten die göttliche Autorität, sie spürten die Nähe des Herrn, seine barmherzige Liebe, und priesen Gott. In jedem Zeitalter und an allen Orten ist der, dem die Gnade zuteil wird, Jesus besonders durch die Lesung des heiligen Evangeliums zu kennen, von ihm fasziniert, da er erkennt, dass er uns in seiner Verkündigung, in seinen Taten, in seiner Person das wahre Antlitz Gottes offenbart, und zugleich offenbart er uns unsere eigene Identität, er lässt uns die Freude verspüren,

Kinder des Vaters im Himmel zu sein, indem er uns das feste Fundament zeigt, auf dem unser Leben zu bauen ist.

Angelus, Petersplatz, 6. März 2011

Das Gleichnis vom Sämann

An jenem Tag verließ Jesus das Haus und setzte sich an das Ufer des Sees. Da versammelte sich eine große Menschenmenge um ihn. Er stieg deshalb in ein Boot und setzte sich; die Leute aber standen am Ufer. Und er sprach lange zu ihnen in Form von Gleichnissen. Er sagte: Ein Sämann ging aufs Feld, um zu säen. Als er säte, fiel ein Teil der Körner auf den Weg, und die Vögel kamen und fraßen sie. Ein anderer Teil fiel auf felsigen Boden, wo es nur wenig Erde gab, und ging sofort auf, weil das Erdreich nicht tief war; als aber die Sonne hochstieg, wurde die Saat versengt und verdorrte, weil sie keine Wurzeln hatte. Wieder ein anderer Teil fiel in die Dornen, und die Dornen wuchsen und erstickten die Saat. Ein anderer Teil schließlich fiel auf guten Boden und brachte Frucht, teils hundertfach, teils sechzigfach, teils dreißigfach. Wer Ohren hat, der höre!
Da kamen die Jünger zu ihm und sagten: Warum redest du zu ihnen in Gleichnissen? Er antwortete: Euch ist es gegeben, die Geheimnisse des Himmelreichs zu erkennen; ihnen aber ist es nicht gegeben. Denn wer hat, dem wird gegeben, und er wird im Überfluss

haben; wer aber nicht hat, dem wird auch noch weggenommen, was er hat. Deshalb rede ich zu ihnen in Gleichnissen, weil sie sehen und doch nicht sehen, weil sie hören und doch nicht hören und nichts verstehen. An ihnen erfüllt sich die Weissagung Jesajas:

Hören sollt ihr, hören, aber nicht verstehen; /
sehen sollt ihr, sehen, aber nicht erkennen.
Denn das Herz dieses Volkes ist hart geworden /
und mit ihren Ohren hören sie nur schwer /
und ihre Augen halten sie geschlossen, /
damit sie mit ihren Augen nicht sehen /
und mit ihren Ohren nicht hören, /
damit sie mit ihrem Herzen /
nicht zur Einsicht kommen, /
damit sie sich nicht bekehren und ich sie nicht heile.

Ihr aber seid selig, denn eure Augen sehen und eure Ohren hören. Amen, ich sage euch: Viele Propheten und Gerechte haben sich danach gesehnt zu sehen, was ihr seht, und haben es nicht gesehen, und zu hören, was ihr hört, und haben es nicht gehört.

Hört also, was das Gleichnis vom Sämann bedeutet. Immer wenn ein Mensch das Wort vom Reich hört und es nicht versteht, kommt der Böse und nimmt alles weg, was diesem Menschen ins Herz gesät wurde; hier ist der Samen auf den Weg gefallen. Auf felsigen Boden ist der Samen bei dem gefallen, der das Wort hört und sofort freudig aufnimmt, aber keine Wurzeln hat, sondern unbeständig ist; sobald er um des Wortes willen bedrängt oder verfolgt wird, kommt er zu Fall. In die Dornen ist der Samen bei dem gefallen, der das Wort zwar hört, aber dann ersticken es die Sorgen dieser Welt und der trügerische Reichtum, und es bringt keine Frucht. Auf guten Boden ist der Samen bei dem gesät, der das Wort hört und es auch versteht; er bringt dann Frucht, hundertfach oder sechzigfach oder dreißigfach.

Mt 13,1-23

Da sprach Jesus von einem Sämann, der den Samen auf den Acker der Welt streute, und erklärte dann, dass der Same sein Wort ist (vgl. *Mk* 4,3–20), seine Heilungen, die er gewirkt hat – in der Tat nur sehr wenig verglichen mit den enormen Mängeln und Schwierigkeiten der täglichen Wirklichkeit. Und dennoch ist im Samenkorn die Zukunft gegenwärtig, weil das Samenkorn das Brot von morgen, das Leben von morgen in sich trägt. Das Samenkorn scheint fast nichts zu sein, es ist jedoch die Gegenwart der Zukunft, es ist die schon heute gegenwärtige Verheißung; wenn es auf guten Boden fällt, bringt es dreißigfach, ja sechzigfach und hundertfach Frucht.

Ihr seid die Saat, die Gott auf dem Acker aussät und die im Herzen eine Kraft aus der Höhe trägt, die Kraft des Heiligen Geistes. Der einzige Weg jedoch, um von der Verheißung des Lebens zur Frucht zu gelangen, ist der, das Leben aus Liebe hinzugeben, aus Liebe zu sterben. Das hat Jesus selbst gesagt: »Wenn das Weizenkorn nicht in die Erde fällt und stirbt, bleibt es allein; wenn es aber stirbt, bringt es reiche Frucht. Wer an seinem Leben hängt, verliert es; wer aber sein Leben in dieser Welt geringachtet, wird es bewahren bis ins ewige Leben« (*Joh* 12,24–25). So sprach Jesus, und so handelte er: Seine Kreuzigung scheint das völlige Scheitern zu sein, sie ist es aber nicht! Jesus hat »sich selbst kraft ewigen Geistes Gott als makelloses Opfer dargebracht« (*Hebr* 9,14). Indem er so als Samenkorn in die Erde fiel, konnte er zu jeder Zeit und im Laufe der Zeiten Frucht tragen. Und dort habt ihr das neue Brot, das Brot des zukünftigen Lebens, die Allerheiligste Eucharistie, die uns nährt und die das dreifaltige Leben im Herzen der Menschen zur Entfaltung bringt.

Ihr, die ihr gleichsam von der Kraft des ewigen Geistes erfüllte Samenkörner seid, entfaltet euch durch die Wärme der Eucharistie, in der das Vermächtnis des Herrn umgesetzt wird: Er schenkt sich uns hin, und wir antworten darauf, indem wir uns den anderen hinschenken aus Liebe zu ihm. Das ist der Weg des Lebens; aber ihr könnt ihn nur dann gehen, wenn ihr im ständigen Dialog mit dem Herrn und im wahren Dialog untereinander steht. Die vorherrschende gesellschaftliche Kultur hilft euch weder, das Wort Jesu zu leben, noch unterstützt sie die Selbsthingabe, zu der er euch einlädt nach dem Plan des Vaters. Die Kraft ist in euch, wie sie in Jesus war, der sagte: »Der Vater, der in mir bleibt, vollbringt seine Werke... Wer an mich glaubt, wird die Werke, die ich vollbringe, auch vollbringen, und er wird noch größere vollbringen, denn ich gehe zum Vater

(*Joh* 14,10.12). Habt daher keine Angst, endgültige Entscheidungen zu treffen. Es fehlt euch nicht an Großherzigkeit – das weiß ich! Aber ihr habt Angst vor dem Risiko, euch für das ganze Leben zu binden, in der Ehe oder in einem Leben besonderer Weihe: »Die Welt ist immer in Bewegung, und das Leben ist voller Möglichkeiten. Kann ich in diesem Augenblick über mein ganzes Leben verfügen, ohne zu wissen, welche Überraschungen es für mich bereithält? Setze ich durch eine endgültige Entscheidung nicht meine Freiheit aufs Spiel und fessele mich mit eigenen Händen?« Diese Bedenken kommen euch, und durch die gegenwärtige individualistische und hedonistische Kultur werden sie noch unterstützt. Aber wenn ein junger Mensch sich nicht entscheidet, läuft er Gefahr, auf ewig ein Kind zu bleiben! Ich sage euch: Habt Mut! Wagt endgültige Entscheidungen, denn in Wahrheit stehen sie der Freiheit nicht entgegen, sondern sie lenken sie vielmehr in die richtige Bahn. Sie machen es möglich, voranzugehen und etwas Großes im Leben zu erreichen. Das Leben hat zweifellos nur dann einen Wert, wenn ihr den Mut zum Abenteuer habt, wenn ihr darauf vertraut, dass der Herr euch niemals verlassen wird. Jugend [...], setze in dir den Heiligen Geist frei, die Kraft aus der Höhe! Indem du wie Jesus auf sie vertraust, wage sozusagen diesen Sprung in die Endgültigkeit und gib dadurch dem Leben eine Chance! So werden unter euch Inseln, Oasen und schließlich große Flächen christlicher Kultur entstehen, in denen »die heilige Stadt, die von Gott her aus dem Himmel herabkommt, bereit wie eine Braut, die sich für ihren Mann geschmückt hat«, sichtbar wird. Das ist das lebenswerte Leben, das ich euch von Herzen wünsche.

Ansprache bei der Begegnung mit den Jugendlichen während der Apostolischen Reise nach Kamerun und Angola, Stadion »dos Coqueiros« in Luanda, 21. März 2009

Aber auf welchen Boden trifft das Wort Gottes? Wie damals, so kann es auch heute auf Verschlossenheit und Ablehnung, auf Denk- und Lebensweisen stoßen, die von der Suche nach Gott und der Wahrheit weit entfernt sind. Der moderne Mensch ist häufig ratlos und vermag auf so viele Fragen zum Sinn des Lebens, die sein Denken bewegen, und die Fragen, die tief in seinem Herzen wohnen, nicht zu antworten. Der Mensch kann diesen Fragen, die seinen eigenen und den Sinn der Wirklichkeit betreffen, nicht ausweichen, er kann nicht nur in einer Dimension leben! Er wird jedoch nicht selten von der Suche nach dem Wesentlichen im Leben abgebracht, während ihm ein flüchtiges Glück angeboten wird, das ihn einen Augenblick lang befriedigt, aber sehr bald Traurigkeit und Unzufriedenheit zurücklässt. Doch trotz dieser Situation des heutigen Menschen können wir noch immer wie in den Anfangszeiten des Christentums mit Gewissheit behaupten, dass das Wort Gottes weiter wächst und sich ausbreitet. Warum? Ich möchte auf wenigstens drei Gründe dafür hinweisen. Der erste ist, dass die Kraft des Wortes nicht zuallererst von unserer Tätigkeit, von unseren Mitteln, von unserem »Tun«, sondern von Gott abhängt, der seine Stärke unter den Zeichen der Schwachheit verbirgt, die sich im sanften, leisen Säuseln des Morgenwindes zeigt (vgl. *1 Kön* 19,12), die sich am Holz des Kreuzes offenbart. Wir sollen immer an die demütige Macht des Wortes Gottes glauben und Gott handeln lassen! Der zweite Grund ist, dass – wie das Gleichnis vom Sämann im Evangelium erzählt – das Samenkorn des Wortes noch immer auf einen guten Boden fällt, der es aufnimmt und Frucht bringt (vgl. *Mt* 13,3–9). Und die neuen Verkünder des Evangeliums gehören zu diesem Acker, der das Evangelium reichlich wachsen und das eigene und das Leben anderer verwandeln lässt. Auch wenn das Böse immer mehr Lärm macht, gibt es auf der Welt noch immer den guten Boden. Der dritte Grund ist, dass die Botschaft des Evangeliums tatsächlich bis an die Grenzen der Erde gelangt ist und dass auch heute inmitten von Gleichgültigkeit, Unverständnis und Verfolgung nach wie vor viele mutig Herz und Geist öffnen, um die Einladung Christi, ihm zu begegnen und seine Jünger zu werden, anzunehmen. Sie erregen kein Aufsehen, aber sie sind gleichsam das Senfkorn, das zum Baum wird, der Sauerteig, der die Masse aufgehen lässt, das Weizenkorn, das zerbricht, um die Ähre wachsen zu lassen. Wenn das alles einerseits Trost und Hoffnung bringt, weil es die unablässige missionarische Triebkraft zeigt, die die Kirche beseelt, so soll es anderseits alle mit einem neuen Verantwortungsgefühl gegenüber dem Wort Gottes und der Verbreitung des Evangeliums erfüllen.

Ansprache an die Teilnehmer der Begegnung mit den Verantwortlichen der kirchlichen Organismen für die Neuevangelisierung im Rahmen der internationalen Studientagung, die der Päpstliche Rat zur Förderung der Neuevangelisierung organisiert hat, Aula Paolo VI., 15. Oktober 2011

Das [...] Bild geht von den dürren und felsigen Hügeln des Südlands über zu den Feldern, die die Bauern bebauen, um Nahrung daraus zu gewinnen. Um über das Heil zu sprechen, wird hier auf die Erfahrung verwiesen, die sich in der Landwirtschaft Jahr für Jahr wiederholt: die schwierige und mühselige Zeit der Aussaat und dann die Freude, die über die Ernte ausbricht. Die Aussaat ist von Tränen begleitet, weil man das aussät, was noch zu Brot werden könnte, und sich damit einer Erwartung voller Ungewissheiten aussetzt: Der Bauer arbeitet, er bereitet den Boden, streut den Samen aus, aber – wie das Gleichnis vom Sämann gut erläutert – er weiß nicht, wohin dieser Samen fallen wird, ob die Vögel ihn fressen werden, ob er aufgehen, Wurzeln treiben wird, ob er zur Ähre werden wird (vgl. Mt 13,3–9; Mk 4,2–9; Lk 8,4–8). Die Aussaat ist eine Geste des Vertrauens und der Hoffnung; der Fleiß des Menschen ist notwendig, aber dann tritt für ihn ein ohnmächtiges Warten ein, wohl wissend, dass viele Faktoren für das Gelingen der Ernte entscheidend sein werden und dass die Gefahr des Scheiterns ständig lauert. Dennoch wiederholt der Bauer Jahr für Jahr sein Handeln und streut seinen Samen aus. Und wenn dieser zur Ähre wird und die Felder sich mit Getreide füllen, dann herrscht Freude angesichts dieses wunderbaren Ereignisses. Jesus kannte diese Erfahrung gut und sprach zu seinen Jüngern darüber. »Er sagte: Mit dem Reich Gottes ist es so, wie wenn ein Mann Samen auf seinen Acker sät; dann schläft er und steht wieder auf, es wird Nacht und wird Tag, der Samen keimt und wächst, und der Mann weiß nicht, wie« (Mk 4,26–27). Es ist das verborgene Geheimnis des Lebens, es sind die wunderbaren »großen Dinge« des Heils, das Gott in der Geschichte der Menschen wirkt und dessen Geheimnis die Menschen nicht kennen. Wenn das göttliche Eingreifen in ganzer Fülle offenbar wird, dann nimmt es gewaltige Dimensionen an, wie die Bäche im Südland und wie das Getreide auf den Feldern, wobei Letzteres auch ein Missverhältnis deutlich macht, das für die Dinge Gottes bezeichnend ist: das Missverhältnis zwischen der Mühe der Aussaat und der grenzenlosen Freude über die Ernte, zwischen dem ängstlichen Warten und dem beruhigenden Anblick der vollen Speicher, zwischen den kleinen Samen, die auf die Erde gestreut werden, und den großen sonnenvergoldeten Garbenhaufen. Zur Zeit der Ernte hat sich alles gewandelt, das Weinen hat ein Ende, es hat freudigem Jubel Platz gemacht. Auf all das nimmt der Psalmist Bezug, um über das Heil zu sprechen, über die Befreiung, das gewendete

Los, die Rückkehr aus dem Exil. Die Verschleppung nach Babylonien – ebenso wie jede andere Situation des Leidens und der Krise mit ihrer schmerzlichen Dunkelheit aus Zweifeln und der scheinbaren Abwesenheit Gottes – ist in Wirklichkeit, so sagt unser Psalm, wie eine Aussaat. Im Geheimnis Christi, im Licht des Neuen Testaments wird die Botschaft noch deutlicher und klarer: Der Gläubige, der durch diese Finsternis hindurchgeht, ist wie das Weizenkorn, das in die Erde gefallen ist und stirbt, um jedoch reiche Frucht zu bringen (vgl. Joh 12,24). Oder er ist, wenn man ein weiteres Bild aufgreift, das Jesus sehr am Herzen lag, wie die Frau, die Geburtswehen erleidet, um zur Freude darüber zu gelangen, neues Leben zur Welt gebracht zu haben (vgl. Joh 16,21).

Generalaudienz, Petersplatz, 12. Oktober 2011

Die Arbeit des Herrn hatte mit großem Enthusiasmus begonnen. Man sah, dass die Kranken geheilt wurden und alle mit Freude das Wort hörten: »Das Reich Gottes ist nahe.« Die Veränderung der Welt und die Ankunft des Gottesreiches schienen tatsächlich bevorzustehen, so dass sich endlich die

Traurigkeit des Gottesvolkes in Freude verwandeln konnte. Man erwartete einen Boten Gottes, der das Steuerrad der Geschichte in die Hand nehmen würde. Aber dann sah man, dass die Kranken zwar geheilt, die Dämonen ausgetrieben wurden und das Evangelium verkündet wurde, aber im übrigen blieb die Welt so, wie sie war. Nichts hatte sich geändert. Die Römer waren immer noch die Herrscher. Das Alltagsleben war schwierig, trotz dieser Zeichen und dieser schönen Worte. So erlosch der Enthusiasmus, und am Ende verließen auch die Jünger, wie wir aus dem 6. Kapitel von Johannes wissen, diesen Prediger, der predigte, aber die Welt nicht veränderte.

Worin besteht diese Botschaft? Was bringt dieser Prophet Gottes?, fragten sich am Ende alle. Der Herr spricht vom Mann, der auf dem Feld der Welt Samen ausstreut. Und der Same scheint wie sein Wort, wie diese Heilungen zu sein, etwas Winziges im Vergleich zur historischen und politischen Wirklichkeit. So klein und nebensächlich wie der Same ist auch das Wort.

Dennoch, sagt er, ist die Zukunft im Samen enthalten, denn der Same trägt das Brot von morgen, das Leben von morgen in sich. Der Same scheint ganz unbedeutend zu sein, und doch ist der Same Gegenwart und Zukunft, er ist die heute schon gegenwärtige Verheißung. Und so sagt er mit diesem Gleichnis: Wir befinden uns in der Zeit der Aussaat; das Wort Gottes scheint bloßes Wort, es scheint fast nichts zu sein. Aber habt Mut, dieses Wort birgt das Leben in sich! Und es trägt Frucht! Das Gleichnis sagt auch, dass ein großer Teil des Samens keine Frucht bringt, weil er auf den Weg, auf felsigen Boden usw. gefallen ist.

Aber der Teil, der auf guten Boden gefallen ist, bringt Frucht, teils dreißigfach, teils sechzigfach, teils hundertfach. Das gibt zu verstehen, dass wir Mut haben sollen, auch wenn das Wort Gottes, das Reich Gottes, keine geschichtlich-politische Bedeutung zu haben scheint. Am Palmsonntag hat Jesus schließlich alle diese Lehren über das Samenkorn des Wortes zusammengefasst: Wenn das Weizenkorn nicht in die Erde fällt und stirbt, bleibt es allein, wenn es in die Erde fällt und stirbt, bringt es viele Frucht. Und so hat er zu verstehen gegeben, dass er selbst das Samenkorn ist, das in die Erde fällt und stirbt. Mit der Kreuzigung scheint alles gescheitert, aber gerade so, indem es in die Erde fällt und stirbt, auf dem Weg des Kreuzes, bringt es Frucht zu jeder Zeit und zu allen Zeiten. Hier haben wir sowohl die christologische Zielsetzung, nach der Christus selbst das Samenkorn, das gegenwärtige Reich ist, als auch die

eucharistische Dimension: Dieses Samenkorn fällt in die Erde, und so wächst das neue Brot, das Brot des künftigen Lebens, die heilige Eucharistie, die uns nährt und die uns für die göttlichen Geheimnisse, für das neue Leben öffnet.
Mir scheint, dass es in der Geschichte der Kirche, in unterschiedlichen Formen, immer diese Fragen gibt, die uns tatsächlich plagen: Was sollen wir tun? Die Leute scheinen uns nicht zu brauchen, alles, was wir tun, scheint nutzlos. Aber wir lernen aus dem Wort des Herrn, dass nur dieser Same die Erde immer wieder verändert und sie dem wahren Leben öffnet.

Ansprache an den Klerus der Diözese Aosta,
Pfarrkirche von Introd (Aosta-Tal), 25. Juli 2005

Im Evangelium [...] (Mt 13,1–23) wendet sich Jesus an die Menschenmenge mit dem berühmten Gleichnis vom Sämann. Es ist dies ein in gewisser Weise »autobiographischer« Abschnitt, da er die Erfahrung Jesu, seiner Verkündigung widerspiegelt: Er identifiziert sich mit dem Sämann, der den guten Samen des Wortes Gottes aussät, und er bemerkt die unterschiedlichen Ergebnisse, die er erlangt, je nach der Art der Aufnahme, die der Verkündigung entgegengebracht wird. Da ist der, der das Wort Gottes oberflächlich hört, es aber nicht annimmt; da ist jener, der es für den Augenblick annimmt, aber keine Ausdauer hat und alles verliert; ein weiterer wird von den Sorgen und Verführungen der Welt überwältigt; und da gibt es den, der es hört und wie der gute Boden aufnimmt: hier trägt das Wort Frucht in Fülle.

Doch dieses Evangelium besteht auch auf der »Methode« der Verkündigung Jesu, das heißt eben auf dem Gebrauch der Gleichnisse. »Warum redest du zu ihnen in Gleichnissen?«, fragen die Jünger (Mt 13,10). Und Jesus antwortet, indem er einen Unterschied zwischen ihnen und der Menge macht: Zu den Jüngern, das heißt zu denen, die sich bereits für ihn entschieden haben, kann er offen vom Reich Gottes sprechen, den anderen dagegen muss er es in Gleichnissen verkünden, um eben die Entscheidung, die Umkehr des Herzens anzuregen; die Gleichnisse nämlich erfordern ihrem Wesen nach das Bemühen um eine Interpretation, sie sprechen die Vernunft, aber auch die Freiheit an. Der hl. Johannes Chrysostomus erklärt: »So redet der göttliche Heiland, um sie an sich zu ziehen, um ihre Aufmerksamkeit zu erregen und ihnen zu zeigen, dass er bereit sei, sie zu heilen, wenn sie sich ihm zuwenden wollten« (In Matthaeum homiliae, 45,1–2). Im Grunde ist das wahre »Gleichnis« Gottes Jesus selbst, seine Person, die im Zeichen der Menschheit die Gottheit verbirgt und gleichzeitig offenbart. Auf diese Weise zwingt uns Gott nicht, an ihn zu glauben, sondern er zieht uns an sich mit der Wahrheit und der Güte seines menschgewordenen Sohnes: die Liebe nämlich achtet stets die Freiheit. [...]

Wenn Jesus in Gleichnissen spricht, verwendet er die Sprache der Natur, um seinen Jüngern die Geheimnisse des Reiches zu erklären. Die Gleichnisse, die er gebraucht, sollen uns vertraut werden! Wir wollen uns in Erinnerung rufen, dass die göttliche Wirklichkeit in unserem alltäglichen Leben wie ein Samenkorn im Erdboden verborgen ist. Es liegt an uns, es Frucht bringen zu lassen! [...]

Das [...] Evangelium lädt uns ein, Gottes Wort zu hören, es tiefe Wurzeln in unseren Herzen schlagen zu lassen und reiche Früchte der Heiligkeit für die Verbreitung seines Reiches zu tragen. [...]

Das Gleichnis vom Sämann [...]lädt uns ein, offenen und reinen Herzens das Wort Gottes zu hören, damit es reiche Frucht trage. [...]

Christus, der Sämann des Wortes vom Reich Gottes, [...] ermutigt uns, fruchtbarer Boden für den Samen zu sein, für das Wort, das ausgesät wird. Es möge reiche Frucht tragen können! Weder die Dinge dieser Welt noch das Verlangen nach Reichtum sollen es verfinstern.

Angelus, Apostolischer Palast, Castel Gandolfo, 10. Juli 2011

Das Gleichnis vom Unkraut unter dem Weizen

Und Jesus erzählte ihnen noch ein anderes Gleichnis: Mit dem Himmelreich ist es wie mit einem Mann, der guten Samen auf seinen Acker säte. Während nun die Leute schliefen, kam sein Feind, säte Unkraut unter den Weizen und ging wieder weg. Als die Saat aufging und sich die Ähren bildeten, kam auch das Unkraut zum Vorschein. Da gingen die Knechte zu dem Gutsherrn und sagten: Herr, hast du nicht guten Samen auf deinen Acker gesät? Woher kommt dann das Unkraut? Er antwortete: Das hat ein Feind von mir getan. Da sagten die Knechte zu ihm: Sollen wir gehen und es ausreißen? Er entgegnete: Nein, sonst reißt ihr zusammen mit dem Unkraut auch den Weizen aus. Lasst beides wachsen bis zur Ernte. Wenn dann die Zeit der Ernte da ist, werde ich den Arbeitern sagen: Sammelt zuerst das Unkraut und bindet es in Bündel, um es zu verbrennen; den Weizen aber bringt in meine Scheune.
Er erzählte ihnen ein weiteres Gleichnis und sagte: Mit dem Himmelreich ist es wie mit einem Senfkorn, das ein Mann auf seinen Acker säte. Es ist das kleins-

te von allen Samenkörnern; sobald es aber hochgewachsen ist, ist es größer als die anderen Gewächse und wird zu einem *Baum,* sodass *die Vögel des Himmels* kommen und *in seinen Zweigen nisten.*
Und er erzählte ihnen noch ein Gleichnis: Mit dem Himmelreich ist es wie mit dem Sauerteig, den eine Frau unter einen großen Trog Mehl mischte, bis das Ganze durchsäuert war.
Dies alles sagte Jesus der Menschenmenge durch Gleichnisse; er redete nur in Gleichnissen zu ihnen. Damit sollte sich erfüllen, was durch den Propheten gesagt worden ist:
Ich öffne meinen Mund und rede in Gleichnissen, /
ich verkünde, was seit der Schöpfung *verborgen war.*
Dann verließ er die Menge und ging nach Hause. Und seine Jünger kamen zu ihm und sagten: Erkläre uns das Gleichnis vom Unkraut auf dem Acker. Er antwortete: Der Mann, der den guten Samen sät, ist der Menschensohn; der Acker ist die Welt; der gute Samen, das sind die Söhne des Reiches; das Unkraut sind die Söhne des Bösen; der Feind, der es gesät hat, ist der Teufel; die Ernte ist das Ende der Welt; die Arbeiter bei dieser Ernte sind die Engel. Wie nun das Unkraut aufgesammelt und im Feuer verbrannt wird, so wird es auch am Ende der Welt sein: Der Menschensohn wird seine Engel aussenden, und sie

werden aus seinem Reich alle zusammenholen, die andere verführt und Gottes Gesetz übertreten haben, und werden sie in den Ofen werfen, in dem das Feuer brennt. Dort werden sie heulen und mit den Zähnen knirschen. Dann werden die Gerechten im Reich ihres Vaters wie die Sonne leuchten. Wer Ohren hat, der höre!

Mt 13, 24-43

Es gibt einen [...] Aspekt der Spiritualität des hl. Johannes Leonardi, den ich gern hervorheben möchte. Zu mehreren Anlässen betonte er, dass die lebendige Begegnung mit Christus in seiner Kirche verwirklicht wird, die heilig, aber gebrechlich ist, verwurzelt in der Geschichte und hinsichtlich ihrer Zukunft bisweilen finster, wo Weizen und Unkraut zusammen wachsen (vgl. *Mt* 13,30), sie ist jedoch immer Sakrament des Heils. Da er sich klar dessen bewusst war, dass die Kirche der Acker Gottes ist (vgl. *Mt* 13,24), entrüstete er sich nicht über ihre menschlichen Schwächen. Um dem Unkraut zu widerstehen, entschloss er sich, guter Weizen zu sein, das heißt: Er beschloss, Christus in der Kirche zu lieben und dazu beizutragen, sie immer mehr zu einem Zeichen zu machen, das ihn durchscheinen lässt. Mit großem Realismus sah er die Kirche, ihre menschliche Gebrechlichkeit, aber auch ihr Sein als »Acker Gottes«, das Mittel Gottes für das Heil der Menschheit. Nicht nur. Aus Liebe zu Christus arbeitete er eifrig dafür, die Kirche zu reinigen, sie schöner und heiliger zu machen. Er begriff, dass jede Reform in der Kirche und nie gegen die Kirche geschehen muss. Darin war der hl. Johannes Leonardi wirklich außerordentlich, und sein Beispiel bleibt immer aktuell. Jede Reform betrifft gewiss die Strukturen, aber an erster Stelle muss sie sich in das Herz der Gläubigen einprägen. Nur die Heiligen, Männer und Frauen, die sich vom göttlichen Geist leiten lassen und bereit sind, radikale und mutige Entscheidungen im Licht des Evangeliums zu treffen, erneuern die Kirche und tragen in entscheidender Weise zum Aufbau einer besseren Welt bei.

Generalaudienz, 7. Oktober 2009

Jesus vergleicht das Himmelreich mit einem Weizenacker, um uns begreifen zu lassen, dass in uns etwas Kleines und Verborgenes ausgesät ist, das nichtsdestoweniger eine ununterdrückbare Lebenskraft besitzt. Trotz aller Hindernisse wird sich der Same entfalten und die Frucht reifen. Diese Frucht wird nur dann gut sein, wenn der Boden des Lebens nach dem göttlichen Willen bestellt worden ist. Daher warnt Jesus im Gleichnis vom Unkraut unter dem Weizen (*Mt* 13,24–43), dass nach der Aussaat durch den Gutsherrn, »während die Leute schliefen«, »sein Feind« dazwischengekommen ist und das Unkraut gesät hat. Dies bedeutet, dass wir bereit sein müssen, die am Tag der Taufe empfangene Gnade zu bewahren und weiter den Glauben an den Herrn zu nähren, der das Böse daran hindert, Wurzeln zu schlagen. In seinem Kommentar zu diesem Gleichnis merkt der hl. Augustinus an, dass »viele vorher Unkraut sind und dann zu gutem Weizen werden«, und er fügt hinzu: »Wenn sie, da sie böse sind, nicht geduldig ertragen werden würden, so würden sie nicht zum lobenswerten Wandel gelangen« (*Quaest. septend. in Ev. sec. Matth.*, 12,4: *PL* 35,1371). [...]

Das [...] Evangelium ermutigt uns, den guten Samen des Wortes Gottes in unserem Leben Frucht tragen

zu lassen und auf seinen geheimnisvollen Plan für das Wachsen des Reiches zu vertrauen. Wir wollen für eine reiche Ernte an Heiligkeit in der Kirche arbeiten und darum bitten, dass wir am Tag des Jüngsten Gerichts unter den Gerechten Christi gefunden werden. [...]
Im [...] Evangelium vom Acker, auf dem Weizen und Unkraut nebeneinander wachsen, spricht Christus von der Güte und von der Langmut Gottes in dieser Zeit. Am Ende der Welt aber kommt es zur Scheidung: Die Ernte führt die Gerechten in sein Reich, die Bösen hingegen werden dem Gericht übergeben. Das Wort Jesu soll auch uns heute Mahnung sein, mit seiner Gnade immer mehr Weizen zu werden, damit sich der große Plan der Liebe Gottes an uns und an der Welt erfüllen kann.

Angelus, Apostolischer Palast, Castel Gandolfo, 17. Juli 2011

Das Gleichnis von den Arbeitern im Weinberg des Herrn

Denn mit dem Himmelreich ist es wie mit einem Gutsbesitzer, der früh am Morgen sein Haus verließ, um Arbeiter für seinen Weinberg anzuwerben. Er einigte sich mit den Arbeitern auf einen Denar für den Tag und schickte sie in seinen Weinberg. Um die dritte Stunde ging er wieder auf den Markt und sah andere dastehen, die keine Arbeit hatten. Er sagte zu ihnen: Geht auch ihr in meinen Weinberg! Ich werde euch geben, was recht ist. Und sie gingen. Um die sechste und um die neunte Stunde ging der Gutsherr wieder auf den Markt und machte es ebenso. Als er um die elfte Stunde noch einmal hinging, traf er wieder einige, die dort herumstanden. Er sagte zu ihnen: Was steht ihr hier den ganzen Tag untätig herum? Sie antworteten: Niemand hat uns angeworben. Da sagte er zu ihnen: Geht auch ihr in meinen Weinberg! Als es nun Abend geworden war, sagte der Besitzer des Weinbergs zu seinem Verwalter: Ruf die Arbeiter und zahl ihnen den Lohn aus, angefangen bei den letzten, bis hin zu den ersten. Da kamen die Männer, die er um die elfte Stunde angeworben hatte, und jeder erhielt einen Denar. Als dann die ersten an der Reihe waren, glaubten sie, mehr zu bekommen. Aber auch sie erhielten nur einen Denar. Da begannen sie, über den Gutsherrn zu murren, und sagten: Diese letzten haben nur eine Stunde gearbeitet, und du hast sie uns gleichgestellt; wir aber haben den ganzen Tag über die Last der Arbeit und die Hitze ertragen. Da erwiderte er einem von ihnen: Mein Freund, dir geschieht kein Unrecht. Hast du nicht einen Denar mit mir vereinbart? Nimm dein Geld und geh! Ich will dem letzten ebenso viel geben wie dir. Darf ich mit dem, was mir gehört, nicht tun, was ich will? Oder bist du neidisch, weil ich (zu anderen) gütig bin? So werden die Letzten die Ersten sein und die Ersten die Letzten.

Mt 20,1-16

Nach einem großen Papst Johannes Paul II. haben die Herrn Kardinäle mich gewählt, einen einfachen und bescheidenen Arbeiter im Weinberg des Herrn.
Mich tröstet die Tatsache, dass der Herr auch mit ungenügenden Werkzeugen zu arbeiten und zu wirken weiß. Vor allem vertraue ich mich euren Gebeten an. In der Freude des auferstandenen Herrn und im Vertrauen auf seine immerwährende Hilfe gehen wir voran. Der Herr wird uns helfen, und Maria, seine allerseligste Mutter, steht uns zur Seite. Danke.

Apostolischer Segen »urbi et orbi«, Erster Gruß seiner Heiligkeit, Benediktions-Loggia des Petersdoms, 19. April 2005

Vielleicht erinnert ihr euch daran: Als ich mich am Tag meiner Wahl an die Menschenmenge auf dem Petersplatz wandte, stellte ich mich spontan als einen Arbeiter im Weinberg des Herrn vor. [...] Jesus erzählt [...] jenes Gleichnis vom Besitzer des Weinbergs, der zu verschiedenen Stunden am Tag Arbeiter für seinen Weinberg anwirbt. Und am Abend gibt er allen denselben Lohn, einen Denar, und er erregt so den Widerspruch jener, die zur ers-

ten Stunde angefangen haben. Es ist klar, dass dieser Denar das ewige Leben darstellt, ein Geschenk, das Gott allen vorbehält. Mehr noch: Gerade jene, die als »die Letzten« gelten, werden, wenn sie es annehmen, »die Ersten« sein, während die »Ersten« Gefahr laufen können, die »Letzten« zu werden. Eine erste Botschaft dieses Gleichnisses besteht darin, dass der Gutsbesitzer sozusagen keine Arbeitslosigkeit duldet: er will, dass alle in seinem Weinberg beschäftigt werden. Und in der Tat ist die Berufung schon der erste Lohn: im Weinberg des Herrn arbeiten zu dürfen, in seinen Dienst zu treten, an seinem Werk mitzuarbeiten, stellt an sich schon einen unschätzbaren Wert dar, der für alle Mühe entlohnt. Dies verstehen aber nur jene, die den Herrn und sein Reich lieben; wer hingegen allein um des Lohnes willen arbeitet, wird nie den Wert dieses unschätzbaren Schatzes bemerken.
Dieses Gleichnis wird uns erzählt vom hl. Matthäus, Apostel und Evangelist [...] Ich möchte hervorheben, dass Matthäus diese Erfahrung am eigenen Leib gemacht hat (vgl. *Mt* 9,9). Denn bevor Jesus ihn berufen hatte, arbeitete er als Zöllner und galt daher als öffentlicher Sünder, der aus dem »Weinberg des Herrn« ausgeschlossen war. Alles aber ändert sich, als Jesus an seinem Tisch vorbeigeht, ihn anblickt

und zu ihm sagt: »Folge mir nach.« Matthäus stand auf und folgte ihm nach. Aus dem Zöllner wurde sogleich ein Jünger Christi. Der ehemals »Letzte« war nun »Erster«, dank der Logik Gottes, die – zu unserem Glück! – eine andere ist als die Logik der Welt. »Meine Gedanken sind nicht eure Gedanken«, sagt der Herr durch den Mund des Propheten Jesaja, »und eure Wege sind nicht meine Wege« (*Jes* 55,8). Auch der hl. Paulus, dessen besonderes Jubiläumsjahr wir feiern, hat die Freude darüber erfahren, sich vom Herrn berufen zu fühlen und in seinem Weinberg zu arbeiten. Und welch große Arbeit hat er vollbracht! Wie er aber selbst eingesteht, ist es die Gnade Gottes gewesen, die in ihm wirkte, jene Gnade, die ihn vom Verfolger der Kirche zum Völkerapostel verwandelte. So konnte er sogar sagen: »Für mich ist Christus das Leben und Sterben Gewinn.« Sofort aber fügt er hinzu: »Wenn ich aber weiterleben soll, bedeutet das für mich fruchtbare Arbeit. Was soll ich wählen? Ich weiß es nicht« (*Phil* 1,21–22). Paulus hat wohl verstanden, dass das Wirken für den Herrn schon in dieser Welt ein Lohn ist. [...]
Christus spricht von einem Weinbergbesitzer, der allen Arbeitern unabhängig von ihrer Leistung den gleichen Lohn gibt. Dies ist ein Bild für die Liebe Gottes: Gott wendet sich dem Menschen nicht we-

gen seiner Verdienste zu, sondern liebt ihn um seiner selbst willen. Als Jünger Christi wollen wir die grenzenlose Güte Gottes gegenüber allen Menschen durch unsere Worte und Taten sichtbar machen.

Angelus, Apostolischer Palast, Castel Gandolfo, 21. September 2008

Das Gleichnis vom wachsamen Hausherrn

Seid also wachsam! Denn ihr wisst nicht, an welchem Tag euer Herr kommt.
Bedenkt: Wenn der Herr des Hauses wüsste, zu welcher Stunde in der Nacht der Dieb kommt, würde er wach bleiben und nicht zulassen, dass man in sein Haus einbricht. Darum haltet auch ihr euch bereit! Denn der Menschensohn kommt zu einer Stunde, in der ihr es nicht erwartet.

Mt 24,42-44

Dieser Knecht – so sagt uns der Herr – gibt den anderen zur rechten Zeit, was sie zu essen brauchen. Er tut nicht alles auf einmal, sondern er ist ein weiser und kluger Knecht, der es versteht, das, was er in jener Situation tun muss, auf verschiedene Zeitpunkte zu verteilen. Er tut das mit Demut und ist sich auch des Vertrauens von seiten seines Herrn sicher. So müssen auch wir unser Möglichstes tun, um zu versuchen, weise und klug zu sein und auch auf die Güte unseres Herrn vertrauen, weil letztendlich er es ist, der seine Kirche leiten muss. Wir bringen uns mit unserer kleinen Gabe ein und tun, was wir tun können, vor allem die Dinge, die immer notwendig sind: die Sakramente, die Verkündigung des Wortes, die Zeichen unserer Liebe.

Ansprache an die Priester der Diözese Albano,
Apostolischer Palast, Castel Gandolfo, 31. August 2006

Das Gleichnis vom anvertrauten Geld

Es ist wie mit einem Mann, der auf Reisen ging: Er rief seine Diener und vertraute ihnen sein Vermögen an. Dem einen gab er fünf Talente Silbergeld, einem anderen zwei, wieder einem anderen eines, jedem nach seinen Fähigkeiten. Dann reiste er ab. Sofort begann der Diener, der fünf Talente erhalten hatte, mit ihnen zu wirtschaften, und er gewann noch fünf dazu. Ebenso gewann der, der zwei erhalten hatte, noch zwei dazu. Der aber, der das eine Talent erhalten hatte, ging und grub ein Loch in die Erde und versteckte das Geld seines Herrn. Nach langer Zeit kehrte der Herr zurück, um von den Dienern Rechenschaft zu verlangen. Da kam der, der die fünf Talente erhalten hatte, brachte fünf weitere und sagte: Herr, fünf Talente hast du mir gegeben; sieh her, ich habe noch fünf dazugewonnen. Sein Herr sagte zu ihm: Sehr gut, du bist ein tüchtiger und treuer Diener. Du bist im Kleinen ein treuer Verwalter gewesen, ich will dir eine große Aufgabe übertragen. Komm, nimm teil an der Freude deines Herrn! Dann kam der Diener, der zwei Talente erhalten hatte, und sagte: Herr, du hast mir zwei Talente gegeben; sieh her, ich habe noch zwei dazugewonnen. Sein Herr sagte zu ihm: Sehr gut, du bist ein tüchtiger und treuer Diener. Du bist im Kleinen ein treuer Verwalter gewesen, ich will dir eine große Aufgabe übertragen. Komm, nimm teil an der Freude deines Herrn! Zuletzt kam auch der Diener, der das eine Talent erhalten hatte, und sagte: Herr, ich wusste, dass du ein strenger Mann bist; du erntest, wo du nicht gesät hast, und sammelst, wo du nicht ausgestreut hast; weil ich Angst hatte, habe ich dein Geld in der Erde versteckt. Hier hast du es wieder. Sein Herr antwortete ihm: Du bist ein schlechter und fauler Diener! Du hast doch gewusst, dass ich ernte, wo ich nicht gesät habe, und sammle, wo ich nicht ausgestreut habe. Hättest du mein Geld wenigstens auf die Bank gebracht, dann hätte ich es bei meiner Rückkehr mit Zinsen zurückerhalten. Darum nehmt ihm das Talent weg und gebt es dem, der die zehn Talente hat! Denn wer hat, dem wird gegeben, und er wird im Überfluss haben; wer aber nicht hat, dem wird auch noch weggenommen, was er hat. Werft den nichtsnutzigen Diener hinaus in die äußerste Finsternis! Dort wird er heulen und mit den Zähnen knirschen.

Mt 25,14-30

Der Abschnitt aus dem Evangelium erzählt mit den Worten des hl. Matthäus das berühmte Gleichnis von den Talenten (25,14–30). Das »Talent« war eine alte römische Münze von hohem Wert, und gerade aufgrund der Beliebtheit dieses Gleichnisses ist das Talent zum Synonym für die persönliche Begabung geworden, die ein jeder gemäß seiner Berufung Frucht bringen lassen soll. Im Text ist die Rede von »einem Mann, der auf Reisen ging: Er rief seine Diener und vertraute ihnen sein Vermögen an« (*Mt* 25,14). Der Mann aus dem Gleichnis steht für Christus selbst, die Diener sind die Jünger und die Talente sind die Gaben, die Jesus ihnen anvertraut. Deshalb versinnbildlichen diese Gaben über die natürlichen Qualitäten hinaus die Schätze, die Jesus, der Herr, uns als Erbe hinterlassen hat, damit wir sie Frucht tragen lassen: sein Wort, das im heiligen Evangelium bewahrt ist; die Taufe, die uns im Heiligen Geist erneuert; das Gebet – das »Vaterunser« –, das wir als im Sohn geeinte Kinder zu Gott erheben; seine Vergebung, die wir, wie er uns aufgetragen hat, allen bringen sollen; das Sakrament seines aufgeopferten Leibes und seines vergossenen Blutes. Mit einem Wort: das mitten unter uns gegenwärtige und lebendige Reich Gottes, das er selbst ist.

Das ist der Schatz, den Jesus seinen Freunden am

Ende seines kurzen Daseins auf Erden anvertraut hat. Das [...] Gleichnis stellt die innere Haltung heraus, in der diese Gabe angenommen und zur Geltung gebracht werden soll. Eine falsche Haltung wäre hierbei die Angst: der Diener, der vor seinem Herrn Angst hat und dessen Rückkehr fürchtet, versteckt das Geld in der Erde, und es bringt keinen Gewinn ein. Dies geschieht zum Beispiel demjenigen, der die Taufe, die Kommunion und die Firmung empfangen hat und dann diese Gaben unter einer Decke von Vorurteilen, unter einem falschen Gottesbild begräbt, das den Glauben und die Werke lähmt, so dass es dadurch zum Verrat an den Erwartungen des Herrn kommt. Das Gleichnis legt aber den Schwerpunkt mehr auf die guten Früchte, die die Jünger einbrachten, die über die empfangene Gabe froh waren und sie somit nicht angsterfüllt und eifersüchtig verborgen hielten, sondern Ertrag bringen ließen, indem sie sie mit anderen teilten und sie daran Anteil haben ließen. Ja, was Christus uns geschenkt hat, vervielfältigt sich, wenn man es weiterschenkt! Es handelt sich um einen Schatz, der dazu dient, ausgegeben, investiert, mit allen geteilt zu werden, wie uns der Apostel Paulus lehrt, jener große Verwalter der Talente Jesu.

Die Lehre des Evangeliums, die uns die Liturgie [...]

darlegt, hatte auch auf historisch-sozialer Ebene einen entscheidenden Einfluss, indem sie bei den christlichen Völkern eine aktive und unternehmerische Geisteshaltung förderte. Die zentrale Botschaft betrifft jedoch den Geist der Verantwortlichkeit, in dem das Reich Gottes anzunehmen ist: Verantwortung gegenüber Gott und der Menschheit. Diese Herzenshaltung verkörpert in vollkommener Weise die Jungfrau Maria, die Jesus selbst, die wertvollste aller Gaben, empfangen und ihn dann der Welt in unendlicher Liebe dargebracht hat. Wir bitten sie, uns dabei zu helfen, »gute und treue Diener« zu sein, damit wir eines Tages an der »Freude unseres Herrn« Anteil haben können. [...]

Angelus, Petersplatz, 16. November 2008

Im [...] Gleichnis von den Talenten – überliefert vom Evangelisten Matthäus (vgl. 25,14–30) – erzählt Jesus von drei Dienern, denen der Herr im Augenblick seines Aufbruchs zu einer langen Reise sein Vermögen anvertraut. Zwei von ihnen verhalten sich gut, da sie aus den empfangenen Gaben den doppelten Ertrag erwirtschaften. Der dritte dagegen versteckt das empfangene Geld in einem Loch. Nach Hause zurückgekehrt verlangt der Herr von den Dienern Rechenschaft über das, was er ihnen anvertraut hat, und während er die beiden ersten lobt, ist er vom dritten enttäuscht. Jener Diener nämlich, der sein Talent versteckt gehalten hat, ohne seinen Wert zu mehren, hat seine Rechnung schlecht gemacht: er hat sich verhalten, als kehrte sein Herr nicht mehr zurück, als gäbe es keinen Tag, an dem er ihn für sein Handeln zur Rechenschaft ziehen würde. Mit diesem Gleichnis will Jesus die Jünger lehren, die empfangenen Gaben gut zu nutzen: Gott beruft jeden Menschen zum Leben und übergibt ihm Talente, wobei er ihm gleichzeitig eine Sendung überträgt, die es zu erfüllen gilt. Es wäre töricht zu denken, dass einem diese Gaben zuständen, wie man auch durch den Verzicht auf ihren Einsatz das Ziel des Daseins verfehlen würde. In seinem Kommentar zu diesem Abschnitt aus dem Evangelium merkt der hl. Gregor der Große an, dass der Herr es keinem am Geschenk seiner Liebe mangeln lässt. Er schreibt: »Es ist daher notwendig, meine Brüder, dass ihr größte Sorgfalt auf die Bewahrung der Liebe verwendet, in allem Tun, das ihr vollbringen müsst« (*Homiliae in evangelia* 9,6). Und nachdem er genauer dargelegt hat, dass die wahre Liebe darin besteht, sowohl die Freunde als auch die Feinde zu lieben, fügt er hinzu: »Wenn es einer an dieser Tugend mangeln lässt, so verliert er jedes Gut, das er hat, ihm wird das empfangene Talent genommen, und er wird hinaus in die Finsternis geworfen« (*ebd.*). [...]

Im [...] Gleichnis von den Talenten fordert uns Jesus auf, dankbar über die Gaben nachzudenken, die wir empfangen haben, und sie weise für das Wachsen des Reiches Gottes zu nutzen. Diese Worte mögen uns zu einer immer tieferen Umkehr in Geist und Herz sowie zu einer wirksameren Solidarität im Dienst all unserer Brüder und Schwestern aufrufen.

[...]

Die Gaben, die der Herr in uns gelegt hat, sind ein Schatz, den wir jeden Tag mehren müssen, wie fruchtbaren Boden, der gute Erträge gibt, um so zum Aufbau der Kirche und der Gesellschaft beizutragen.

Angelus, Petersplatz, 13. November 2011

Im Evangelium [...] spricht Jesus von den Talenten, welche die Diener »aktiv« verwalten und nutzen sollen. Sie haben das anvertraute Gut mutig einzusetzen, damit es für den Herrn Ertrag bringt. Das Gleichnis erinnert uns daran, dass unser Leben, die Gesundheit, unsere Kräfte und Begabungen uns gewissermaßen nur geliehen sind, und zwar nicht als stilles Guthaben, sondern als Aufgabe, um Gottes Liebe in dieser Welt sichtbar und nachvollziehbar zu machen. Bei diesem Einsatz leite euch Gottes Geist! [...]
Ich lade euch ein, die Gaben Frucht bringen zu lassen, die der Herr großzügig in eure Herzen ausgegossen hat, indem ihr den göttlichen Heilsplan in eurem persönlichen, familiären und gesellschaftlichen Leben annehmt. [...]
[Das Gleichnis] ruft uns in Erinnerung, dass Gott, der Schöpfer, einem jeden von uns so viele Talente gegeben hat, wie für ein würdiges Leben, für die aktive Nächstenliebe zu den Brüdern und für das Wachstum in der Heiligkeit notwendig sind. Wir sind dazu berufen, diese Güter zu nutzen und sie in der Welt, in der wir leben, Frucht tragen zu lassen. Bei diesem Werk begleite uns der Segen Gottes.

Angelus, Petersplatz, 16. November 2008

Das Gleichnis vom treuen und vom schlechten Knecht

Legt euren Gürtel nicht ab und lasst eure Lampen brennen! Seid wie Menschen, die auf die Rückkehr ihres Herrn warten, der auf einer Hochzeit ist, und die ihm öffnen, sobald er kommt und anklopft. Selig die Knechte, die der Herr wach findet, wenn er kommt! Amen, ich sage euch: Er wird sich gürten, sie am Tisch Platz nehmen lassen und sie der Reihe nach bedienen. Und kommt er erst in der zweiten oder dritten Nachtwache und findet sie wach – selig sind sie. Bedenkt: Wenn der Herr des Hauses wüsste, in welcher Stunde der Dieb kommt, so würde er verhindern, dass man in sein Haus einbricht. Haltet auch ihr euch bereit! Denn der Menschensohn kommt zu einer Stunde, in der ihr es nicht erwartet. Da sagte Petrus: Herr, meinst du mit diesem Gleichnis nur uns oder auch all die anderen? Der Herr antwortete: Wer ist denn der treue und kluge Verwalter, den der Herr einsetzen wird, damit er seinem Gesinde zur rechten Zeit die Nahrung zuteilt? Selig der Knecht, den der Herr damit beschäftigt findet, wenn er kommt! Wahrhaftig, das sage ich euch: Er wird ihn zum Verwalter seines ganzen Vermögens machen. Wenn aber der Knecht denkt: Mein Herr kommt noch lange nicht zurück!, und anfängt, die Knechte und Mägde zu schlagen; wenn er isst und trinkt und sich berauscht, dann wird der Herr an einem Tag kommen, an dem der Knecht es nicht erwartet, und zu einer Stunde, die er nicht kennt; und der Herr wird ihn in Stücke hauen und ihm seinen Platz unter den Ungläubigen zuweisen. Der Knecht, der den Willen seines Herrn kennt, sich aber nicht darum kümmert und nicht danach handelt, der wird viele Schläge bekommen. Wer aber, ohne den Willen des Herrn zu kennen, etwas tut, was Schläge verdient, der wird wenig Schläge bekommen. Wem viel gegeben wurde, von dem wird viel zurückgefordert werden, und wem man viel anvertraut hat, von dem wird man um so mehr verlangen.

Lk 12,35-48

Im [...] Evangelium haben wir das Gleichnis vom treuen Knecht gehört (*Mt* 24,42–51). Dieser Knecht – so sagt uns der Herr – gibt den anderen zur rechten Zeit, was sie zu essen brauchen. Er tut nicht alles auf einmal, sondern er ist ein weiser und kluger Knecht, der es versteht, das, was er in jener Situation tun muss, auf verschiedene Zeitpunkte zu verteilen. Er tut das mit Demut und ist sich auch des Vertrauens von seiten seines Herrn sicher. So müssen auch wir unser Möglichstes tun, um zu versuchen, weise und klug zu sein, und auch auf die Güte unseres Herrn vertrauen, weil letztendlich er es ist, der seine Kirche leiten muss. Wir bringen uns mit unserer kleinen Gabe ein und tun, was wir tun können, vor allem die Dinge, die immer notwendig sind: die Sakramente, die Verkündigung des Wortes, die Zeichen unserer Liebe.

Ansprache an die Priester der Diözese Albano, Apostolischer Palast, Castel Gandolfo, 31. August 2006

In diesen unseren verehrten Brüdern erkennen wir die Knechte, von denen das [...] Gleichnis aus dem Evangelium spricht: treue Knechte, die der Herr bei seiner Rückkehr von der Hochzeit wachend und bereit findet (vgl. *Lk* 12,36–38); Hirten, die der Kirche gedient haben, indem sie der Herde Christi die notwendige Sorge zukommen ließen; Zeugen für das Evangelium, die in der Verschiedenheit ihrer Gaben und Aufgaben eine tätige Wachsamkeit, eine großherzige Hingabe an den Aufbau des Reiches Gottes bewiesen haben. Jede Eucharistiefeier, an der auch sie viele Male teilgenommen haben – zunächst als Gläubige, dann als Priester –, nimmt in sehr ausdrucksvoller Weise das vorweg, was der Herr verheißen hat: Er selbst, der ewige Hohepriester, wird seine Knechte am Tisch Platz nehmen lassen und sie der Reihe nach bedienen (vgl. *Lk* 12,37). Auf dem Tisch der Eucharistie, dem Hochzeitsmahl des Neuen Bundes, wird Christus, das Osterlamm, zu unserer Speise, er besiegt den Tod und schenkt uns sein Leben, ein Leben ohne Ende. Auch wir wollen wach und bereit bleiben: so möge uns der Herr vorfinden, auch wenn er erst in der zweiten oder dritten Nachtwache von der Hochzeit kommt (vgl. *Lk* 12,38). Und auch wir werden dann wie die Knechte des Evangeliums selig sein! [...]

Möge die Jungfrau Maria auch uns, die wir noch Wanderer auf der Erde sind, helfen, den Blick fest auf die Heimat gerichtet zu halten, die uns erwartet. Sie möge uns ermutigen, bereit zu sein, »gegürtet und mit brennenden Lampen«, um dem Herrn zu öffnen, »sobald er kommt und anklopft« (*Lk* 12,35-36). Zu jeder Stunde und in jedem Augenblick.

Predigt, Heilige Messe zum Gedenken an die im vergangenen Jahr verstorbenen Kardinäle und Bischöfe, Petersdom, 5. November 2009

Die Liturgie [...] ist in der Tat ganz auf die Zukunft ausgerichtet, hin zum Himmel, wohin die heilige Jungfrau uns in die Freude des Paradieses vorangegangen ist. Im Besonderen fordert das Evangelium [...] die Christen dazu auf, sich von den größtenteils illusorischen materiellen Gütern loszulösen und treu ihre Pflicht zu erfüllen mit einer ausdauernden, nach oben gerichteten Erwartung. Der Gläubige bleibt wach und wachsam, um bereit zu sein, Jesus aufzunehmen, wenn er in seiner Herrlichkeit kommen wird. Mit Beispielen aus dem täglichen Leben ermahnt der Herr seine Jünger, in dieser inneren

Haltung zu leben, wie jene Knechte des Gleichnisses, die auf die Rückkehr ihres Herrn warten. »Selig die Knechte« – sagt er –, »die der Herr wach findet, wenn er kommt!« (Lk 12,37). Wir müssen also wachen und dabei beten und das Gute tun. [...]
Ich ermuntere [...], wie uns das [...] Evangelium auffordert, »in der Haltung des Dienstes zu verharren« und dabei in der Hoffnung wachsam zu sein, tief verwurzelt im Glauben an Christus, den Heiland und seine Liebe allen [...] Brüdern zu bezeugen. [...]
Jesus lädt uns ein, unser Herz nicht an vergängliche Güter zu verlieren, sondern unsere Zeit und unsere Talente in den Dienst unserer Mitmenschen zu stellen. So werden wir einen Schatz im Himmel erwerben.

Angelus, Apostolischer Palast, Castel Gandolfo, 12. August 2007

Das Gleichnis vom Feigenbaum ohne Früchte

Und er erzählte ihnen dieses Gleichnis: Ein Mann hatte in seinem Weinberg einen Feigenbaum; und als er kam und nachsah, ob er Früchte trug, fand er keine. Da sagte er zu seinem Weingärtner: Jetzt komme ich schon drei Jahre und sehe nach, ob dieser Feigenbaum Früchte trägt, und finde nichts. Hau ihn um! Was soll er weiter dem Boden seine Kraft nehmen? Der Weingärtner erwiderte: Herr, lass ihn dieses Jahr noch stehen; ich will den Boden um ihn herum aufgraben und düngen. Vielleicht trägt er doch noch Früchte; wenn nicht, dann lass ihn umhauen.

Lk 13,6-9

Das Evangelium nimmt die Perspektive der Barmherzigkeit auf und zeigt die Notwendigkeit und Dringlichkeit der Rückkehr zu Gott, der gottgemäßen Erneuerung des Lebens. Indem Jesus auf einen Brauch seiner Zeit Bezug nimmt, legt er das Gleichnis eines Feigenbaums vor, der in einem Weinberg gepflanzt wurde; dieser Feigenbaum jedoch ist unfruchtbar, er bringt keinen Ertrag (vgl. *Lk* 13,6–9). Der Dialog, der sich zwischen dem Besitzer und dem Weingärtner anspinnt, zeigt auf der einen Seite die Barmherzigkeit Gottes, der geduldig ist und dem Menschen, uns allen, eine Zeit zur Umkehr lässt; und andererseits die Notwendigkeit, die innere und äußere Veränderung des Lebens sofort in Angriff zu nehmen, um nicht der Gelegenheiten verlustig zu gehen, die uns das Erbarmen Gottes anbietet, um unsere geistliche Trägheit zu überwinden und der Liebe Gottes als seine Söhne und Töchter mit unserer Liebe zu entsprechen.

Predigt, Heilige Messe beim Pastoralbesuch in der römischen Pfarrgemeinde »San Giovanni della Croce«, 7. März 2010

Von den rechten Gästen

Als Jesus an einem Sabbat in das Haus eines führenden Pharisäers zum Essen kam, beobachtete man ihn genau. [...]
Als er bemerkte, wie sich die Gäste die Ehrenplätze aussuchten, nahm er das zum Anlass, ihnen eine Lehre zu erteilen. Er sagte zu ihnen: Wenn du zu einer Hochzeit eingeladen bist, such dir nicht den Ehrenplatz aus. Denn es könnte ein anderer eingeladen sein, der vornehmer ist als du, und dann würde der Gastgeber, der dich und ihn eingeladen hat, kommen und zu dir sagen: Mach diesem hier Platz! Du aber wärst beschämt und müsstest den untersten Platz einnehmen. Wenn du also eingeladen bist, setz dich lieber, wenn du hinkommst, auf den untersten Platz; dann wird der Gastgeber zu dir kommen und sagen: Mein Freund, rück weiter hinauf! Das wird für dich eine Ehre sein vor allen anderen Gästen. Denn wer sich selbst erhöht, wird erniedrigt, und wer sich selbst erniedrigt, wird erhöht werden.
Dann sagte er zu dem Gastgeber: Wenn du mittags oder abends ein Essen gibst, so lade nicht deine Freunde oder deine Brüder, deine Verwandten oder

reiche Nachbarn ein; sonst laden auch sie dich ein, und damit ist dir wieder alles vergolten. Nein, wenn du ein Essen gibst, dann lade Arme, Krüppel, Lahme und Blinde ein. Du wirst selig sein, denn sie können es dir nicht vergelten; es wird dir vergolten werden bei der Auferstehung der Gerechten.

Lk 14,1.7-14

Im Evangelium [...] (Lk 14,1.7–14) begegnen wir Jesus, der in das Haus eines führenden Pharisäers zum Essen kommt. Als er bemerkte, wie sich die Gäste die Ehrenplätze aussuchten, erzählte er ein Gleichnis, das bei einem Hochzeitsmahl spielt. »Wenn du zu einer Hochzeit eingeladen bist, such dir nicht den Ehrenplatz aus. Denn es könnte ein anderer eingeladen sein, der vornehmer ist als du, und dann würde der Gastgeber, der dich und ihn eingeladen hat, kommen und zu dir sagen: ›Mach diesem hier Platz!‹ ... Wenn du also eingeladen bist, setz dich lieber [ ] auf den untersten Platz« (Lk 14,8–10). Der Herr hat nicht die Absicht, eine Lehre bezüglich der Etikette oder Rangordnung unter den verschiedenen Obrigkeiten zu erteilen. Er unterstreicht vielmehr einen entscheidenden Punkt, der in der Demut liegt: »Wer sich selbst erhöht, wird erniedrigt, und wer sich selbst erniedrigt, wird erhöht werden« (Lk 14,11). In einem tieferen Sinn lässt dieses Gleichnis auch an die Stellung des Menschen in seiner Beziehung zu Gott denken. Der »letzte Platz« kann nämlich den Zustand der durch die Sünde entwürdigten Menschheit darstellen, einen Zustand, aus dem allein die Menschwerdung des eingeborenen Sohnes erheben kann. Aus diesem Grund hat Christus »den letzten Platz in der Welt – das Kreuz – eingenommen, und gerade mit dieser radikalen Demut hat er uns erlöst und hilft uns fortwährend« *(Deus caritas est, 35)*.

Am Schluss des Gleichnisses gibt Jesus dem führenden Pharisäer den Rat, an seinen Tisch nicht die Freunde, Verwandten oder reichen Nachbarn zu laden, sondern die Armen und Ausgegrenzten, die es nicht vergelten können (vgl. Lk 14,13–14), damit das Geschenk unentgeltlich sei. Den wahren Lohn wird nämlich am Ende Gott geben, denn »Gott regiert die Welt... Wir dienen ihm nur, soweit wir können und er uns die Kraft dazu gibt« *(Deus caritas est, 35)*. Erneut also schauen wir auf Christus als Vorbild der Demut und Unentgeltlichkeit: Von ihm lernen wir die Geduld in den Versuchungen, die Milde in den

Beleidigungen, den Gehorsam gegenüber Gott im Leiden, in der Erwartung, dass der, der uns eingeladen hat, zu uns sagt: »Mein Freund, rück weiter hinauf!« (Lk 14,10); denn das wahre Gut liegt darin, ihm nahe zu sein. Der hl. Ludwig IX., König von Frankreich, [...] hat das in die Tat umgesetzt, was im Buch Jesus Sirach geschrieben steht: »Je größer du bist, um so mehr bescheide dich, dann wirst du Gnade finden bei Gott« (3,18). So schrieb er in seinem »Geistlichen Vermächtnis an den Sohn«: »Wenn dir der Herr Wohlstand geben wird, so sollst du ihm nicht nur demütig danken; sei vielmehr wohl darauf bedacht, nicht aus Eitelkeit oder auf irgendeine andere Weise schlechter zu werden, das heißt: Sei darauf bedacht, nicht mit Gott in Zwiespalt zu geraten oder ihn mit seinen eigenen Gaben zu beleidigen« (Acta Sanctorum Augusti 5 [1868], 546). [...]
Der Demütige lässt sich von der göttlichen Weisheit belehren und richtet seinen Blick auf Gott und sucht die Wahrheit in allen Dingen. Er strebt auch nach der Schönheit eines authentischen Lebens. [...]
Vor Gott zählt nicht das menschlich Große, sondern das Geringe, das Verachtete. Nicht die Selbstherrlichkeit macht den Menschen groß, sondern das Leben nach Gottes Willen und die Gemeinschaft mit ihm. [...]

[Die Demut] besteht darin, den eigenen Platz in der Gesellschaft und in den Plänen Gottes zu erkennen. »Je größer du bist, um so mehr bescheide dich, dann wirst du Gnade finden bei Gott. Denn groß ist die Macht Gottes.« Die Übung der Tugend der Demut möge uns den Menschen und Gott näher bringen.

Angelus, Apostolischer Palast, Castel Gandolfo, 29. August 2010

Das Gleichnis vom Festmahl

Jesus sagte zu ihm: Ein Mann veranstaltete ein großes Festmahl und lud viele dazu ein. Als das Fest beginnen sollte, schickte er seinen Diener und ließ den Gästen, die er eingeladen hatte, sagen: Kommt, es steht alles bereit! Aber einer nach dem andern ließ sich entschuldigen. Der erste ließ ihm sagen: Ich habe einen Acker gekauft und muss jetzt gehen und ihn besichtigen. Bitte, entschuldige mich! Ein anderer sagte: Ich habe fünf Ochsengespanne gekauft und bin auf dem Weg, sie mir genauer anzusehen. Bitte, entschuldige mich! Wieder ein anderer sagte: Ich habe geheiratet und kann deshalb nicht kommen. Der Diener kehrte zurück und berichtete alles seinem Herrn. Da wurde der Herr zornig und sagte zu seinem Diener: Geh schnell auf die Straßen und Gassen der Stadt und hol die Armen und die Krüppel, die Blinden und die Lahmen herbei. Bald darauf meldete der Diener: Herr, dein Auftrag ist ausgeführt; aber es ist immer noch Platz. Da sagte der Herr zu dem Diener: Dann geh auf die Landstraßen und vor die Stadt hinaus und nötige die Leute zu kommen, damit mein Haus voll wird. Das aber sage ich euch: Keiner von denen, die eingeladen waren, wird an meinem Mahl teilnehmen.

Lk 14,16-24

[...] die Botschaft des Evangeliums [ist scheinbar] das Scheitern Gottes. Die Erstgeladenen sagen ab, sie kommen nicht. Der Saal Gottes bleibt leer, sein Mahl scheint umsonst zubereitet. Es ist das, was Jesus in der Schlussphase seines Wirkens erlebt: Die amtlichen, die bestimmenden Kreise Israels sagen »nein« zu der Einladung Gottes, die er selber ist. Sie kommen nicht. Seine Botschaft, sein Ruf endet im Nein der Menschen. Und doch auch hier: Gott scheitert nicht. Der leere Saal wird zur Möglichkeit, mehr Menschen zu rufen. Gottes Liebe, Gottes Einladung weitet sich aus – Lukas erzählt sie uns in zwei Wellen: Zuerst ergeht sie an die Armen, die Verlassenen, die von niemandem Eingeladenen in der Stadt selber. [...] (Das Evangelium [...] gehört ja zu einem kleinen Symposium im Rahmen eines Abendessens bei einem Pharisäer. Wir finden dort vier Texte: zuerst die Heilung des Wassersüchtigen, dann das Wort von den letzten Plätzen, dann die Belehrung, nicht die Freunde einzuladen, die dann diese Geste erwidern, sondern diejenigen, die wirklich Hunger haben, aber keine Gegeneinladung verwirklichen können, und dann kommt eben unsere Geschichte.) Gott tut nun das, was er dem Pharisäer gesagt hat: Er lädt die ein, die nichts besitzen; die wirklich Hunger haben, die ihn nicht einladen, ihm nichts geben können. Und dann kommt die zweite Welle. Sie geht vor die Stadt hinaus auf die Straßen; die Unbehausten werden geladen. Wir dürfen wohl annehmen, dass Lukas diese zwei Wellen in dem Sinn verstanden hat, dass es zuerst die Armen von Israel sind, die in den Saal kommen und, da sie nicht ausreichen, weil Gottes Raum größer ist, die Einladung aus der Heiligen Stadt hinausgeht in die Völkerwelt. Diejenigen, die gar nicht zu Gott gehören, die draußen stehen, werden nun eingeladen, um den Saal zu füllen. Und Lukas, der uns dieses Evangelium überliefert hat, sah sicher darin die bildhaft vorweggenommene Darstellung der Ereignisse, die er dann in der *Apostelgeschichte* erzählt, wo sich genau dies zuträgt: Paulus beginnt seine Mission immer in der Synagoge, bei den Erstgeladenen, und erst, wenn da die Maßgebenden abgesagt haben und nur eine kleine Schar von Armen geblieben ist, geht er hinaus zu den Heiden. So wird das Evangelium durch diesen immer neuen Kreuzigungsvorgang hindurch universal, ergreift das Ganze, schließlich bis nach Rom. Paulus ruft in Rom die Vorsteher der Synagoge zu sich, verkündet ihnen das Geheimnis Jesu Christi, das Reich Gottes in dessen Person. Aber die maßgebenden Teile sagen ab, und er verabschiedet sie mit den Worten: Nun, da ihr nicht hört, wird diese Botschaft den Heiden verkündet, und sie werden hören. Mit dieser großen Zuversicht endet die Botschaft vom Scheitern: Sie werden hören; die Kirche der Heiden wird sich bilden. Und sie hat sich gebildet und bildet sich noch immer. In den *Ad-limina*-Besuchen höre ich viel Schweres und Mühsames, aber immer – gerade aus der Dritten Welt – auch dieses, dass die Menschen hören, dass sie kommen, dass auch heute auf den Straßen an den Enden der Erde die Botschaft ankommt und die Menschen im Gottessaal zu seinem Festmahl zusammenströmen.

So sollten wir uns fragen: Was bedeutet dies alles für uns? Zuerst einmal die Gewissheit: Gott scheitert nicht. Er »scheitert« ständig, aber gerade darum scheitert er nicht, denn er macht daraus neue Möglichkeiten größeren Erbarmens, und seine Phantasie ist unerschöpflich. Er scheitert nicht, weil er immer neue Weisen findet, zu den Menschen zu gehen und sein großes Haus weiter zu öffnen, dass es ganz voll werde. Er scheitert nicht, weil er nicht davor zurückschreckt, die Menschen zu drängen, dass sie kommen und sich an seinen Tisch setzen sollen, das Mahl der Armen einzunehmen, in dem die köstliche Gabe, Gott selbst, geschenkt wird. Gott scheitert nicht, auch heute nicht. Selbst wenn wir so viel Nein erleben, dürfen wir es wissen. Aus dieser ganzen Gottesgeschichte, von Adam an, können wir erkennen: Er scheitert nicht. Auch heute wird er neue Wege finden, Menschen zu rufen, und möchte uns als seine Boten und Diener dabei haben.

Predigt, Messe mit den Schweizer Bischöfen, Kapelle »Redemptoris Mater«, 7. November 2006

Das Beispiel vom barmherzigen Samariter

Darauf antwortete ihm Jesus: Ein Mann ging von Jerusalem nach Jericho hinab und wurde von Räubern überfallen. Sie plünderten ihn aus und schlugen ihn nieder; dann gingen sie weg und ließen ihn halbtot liegen. Zufällig kam ein Priester denselben Weg herab; er sah ihn und ging weiter. Auch ein Levit kam zu der Stelle; er sah ihn und ging weiter. Dann kam ein Mann aus Samarien, der auf der Reise war. Als er ihn sah, hatte er Mitleid, ging zu ihm hin, goss Öl und Wein auf seine Wunden und verband sie. Dann hob er ihn auf sein Reittier, brachte ihn zu einer Herberge und sorgte für ihn. Am andern Morgen holte er zwei Denare hervor, gab sie dem Wirt und sagte: Sorge für ihn, und wenn du mehr für ihn brauchst, werde ich es dir bezahlen, wenn ich wiederkomme.

Lk 10,30-35

[Ein Gesetzeslehrer richtet an Jesus die Frage]: »Meister, was muss ich tun, um das ewige Leben zu gewinnen?« (Lk 10,25). Da der Herr weiß, dass jener Mann in der Heiligen Schrift wohl erfahren ist, fordert er ihn auf, selbst eine Antwort zu geben, welche er in der Tat perfekt formuliert, indem er die beiden Hauptgebote anführt: Gott mit ganzem Herzen und ganzer Seele, mit aller Kraft und allen Gedanken lieben, und den Nächsten lieben wie sich selbst. So fragt der Gesetzeslehrer, gleichsam um sich zu rechtfertigen: »Und wer ist mein Nächster?« (Lk 10,29). Dieses Mal antwortet Jesus mit dem berühmten Gleichnis vom »barmherzigen Samariter« (vgl. Lk 10,30–37), um zu zeigen, dass es an uns liegt, zum »Nächsten« eines jeden Hilfsbedürftigen zu werden. Der Samariter nämlich nimmt sich [...] eines Unbekannten an, den die Räuber halb tot an der Straße liegen ließen; ein Priester und ein Levit hingegen waren weitergegangen, da sie vielleicht gedacht hatten, dass sie aufgrund eines Gebots durch die Berührung mit Blut unrein geworden wären. Das Gleichnis muss uns daher dazu veranlassen, unser Denken entsprechend der Logik Christi umzuformen, welche die Logik der Liebe ist: Gott ist Liebe, und ihm zu huldigen heißt, den Brüdern und Schwestern mit aufrichtiger und großherziger Liebe zu dienen.

Diese Erzählung aus dem Evangelium bietet den »Maßstab«, das heißt »die Universalität der Liebe, die sich dem Bedürftigen zuwendet, dem man ›zufällig‹ (vgl. Lk 10,31) begegnet, wer immer er auch sei« (*Deus caritas est, 25*). Neben dieser universalen Regel ist auch ein spezifisch kirchlicher Auftrag gegeben: dass »in der Kirche selbst als einer Familie kein Kind Not leiden darf« (ebd.). Das der Lehre Jesu entnommene Programm des Christen ist das »sehende Herz«, das sieht, wo Liebe not tut, und danach handelt (vgl. ebd., 31). [...]
Christsein heißt, den Worten und dem Beispiel Jesu treu zu bleiben, vor allem durch ein Leben der Gottes- und Nächstenliebe. Der Herr schenke uns Gnade und Mut, auf dass wir stets wie barmherzige Samariter großherzig den Nöten all derer entsprechen, die in unserer näheren und weiteren Umgebung leiden. [...]
Das Doppelgebot der Liebe – Gott zu lieben mit ganzem Herzen und ganzer Seele und den Nächsten zu lieben wie sich selbst – ist der Schlüssel zu einem geglückten Leben in Gemeinschaft mit Gott und mit den Menschen. Die Gottes- und Nächstenliebe ist keine abstrakte Theorie, sondern ein konkreter Auftrag: »Handle danach, und du wirst leben« (*Lk* 10,28), sagt der Herr im Evangelium [...]. Wie der

[...] heilige Benedikt, mein besonderer Patron, und alle Heiligen, die Jesus auf diesem Weg der Liebe nachgefolgt sind, wollen auch wir Nächste sein für die Menschen um uns, die unsere Zuwendung und Unterstützung brauchen, um so zum wahren Leben zu gelangen. Dabei geleite euch der Heilige Geist mit seiner Gnade. [...]
Im Gleichnis vom barmherzigen Samariter [...] betont Jesus die überragende Wichtigkeit des Liebesgebots und fordert uns auf, die Barmherzigkeit gegenüber unseren Nächsten zu üben. Durch die Fürsprache der allerseligsten Jungfrau Maria bitten wir um die Gnade, dieselben Empfindungen des Herzens Jesu zu haben und durch dieses Leben zu pilgern, indem wir Gutes tun.

Angelus, Apostolischer Palast, Castel Gandolfo, 11. Juli 2010

Jesus, der Herr, hat sich, bevor er zum Vater zurückkehrte, beim Letzten Abendmahl niedergebeugt, um in Vorwegnahme der höchsten Liebestat des Kreuzes den Aposteln die Füße zu waschen. Mit dieser Geste hat er seine Jünger eingeladen, in seine Logik der Liebe einzutreten, die sich besonders für die Geringsten und Bedürftigen hingibt (vgl. Joh 13,12–17). Seinem Beispiel folgend, ist jeder Christ dazu aufgerufen, in verschiedenen und immer neuen Lebensbereichen das Gleichnis vom barmherzigen Samariter neu zu beleben: Dieser kam an einem Mann vorüber, der von den Räubern halbtot am Straßenrand liegen gelassen worden war; »als er ihn sah, hatte er Mitleid, ging zu ihm hin, goss Öl und Wein auf seine Wunden und verband sie. Dann hob er ihn auf sein Reittier, brachte ihn zu einer Herberge und sorgte für ihn. Am andern Morgen holte er zwei Denare hervor, gab sie dem Wirt und sagte: Sorge für ihn, und wenn du mehr für ihn brauchst, werde ich es dir bezahlen, wenn ich wiederkomme« (Lk 10,33–35).

Am Schluss des Gleichnisses sagt Jesus: »Geh und handle genauso« (Lk 10,37). Er ermahnt uns, uns über die leiblichen und geistigen Wunden so vieler unserer Brüder und Schwestern zu beugen, denen wir auf den Straßen der Welt begegnen; er hilft uns zu begreifen, dass durch die im täglichen Leben empfangene und gelebte Gnade Gottes die Erfahrung von Krankheit und Leiden zu einer Schule der Hoffnung werden kann. Es ist wirklich so, wie ich in der Enzyklika »Spe salvi« ausgeführt habe: »Nicht die Vermeidung des Leidens, nicht die Flucht vor dem Leiden heilt den Menschen, sondern die Fähigkeit, das Leiden anzunehmen und in ihm zu reifen, in ihm Sinn zu finden durch die Vereinigung mit Christus, der mit unendlicher Liebe gelitten hat« (Nr. 37).

Botschaft zum XVIII. Welttag der Kranken

Das Gleichnis vom verlorenen Schaf

Wenn einer von euch hundert Schafe hat und eins davon verliert, lässt er dann nicht die neunundneunzig in der Steppe zurück und geht dem verlorenen nach, bis er es findet? Und wenn er es gefunden hat, nimmt er es voll Freude auf die Schultern, und wenn er nach Hause kommt, ruft er seine Freunde und Nachbarn zusammen und sagt zu ihnen: Freut euch mit mir; ich habe mein Schaf wiedergefunden, das verloren war. Ich sage euch: Ebenso wird auch im Himmel mehr Freude herrschen über einen einzigen Sünder, der umkehrt, als über neunundneunzig Gerechte, die es nicht nötig haben umzukehren.

Lk 15,4-7

Das erste Zeichen ist das Pallium, ein Gewebe aus reiner Wolle, das mir um die Schultern gelegt wird. Dieses uralte Zeichen, das die Bischöfe von Rom seit dem 4. Jahrhundert tragen, mag zunächst einfach ein Bild sein für das Joch Christi, das der Bischof dieser Stadt, der Knecht der Knechte Gottes, auf seine Schultern nimmt. Das Joch Gottes – das ist der Wille Gottes, den wir annehmen. Und dieser Wille ist für uns nicht eine fremde Last, die uns drückt und die uns unfrei macht. Zu wissen, was Gott will, zu wissen, was der Weg des Lebens ist – das war die Freude Israels, die es als eine große Auszeichnung erkannte. Das ist auch unsere Freude: Der Wille Gottes entfremdet uns nicht, er reinigt uns – und das kann wehtun –, aber so bringt er uns zu uns selber, und so dienen wir nicht nur ihm, sondern dem Heil der ganzen Welt, der ganzen Geschichte. Aber die Symbolik des Palliums ist konkreter: Aus der Wolle von Lämmern gewoben, will es das verirrte Lamm oder auch das kranke und schwache Lamm darstellen, das der Hirt auf seine Schultern nimmt und zu den Wassern des Lebens trägt. Das Gleichnis vom verlorenen Schaf, dem der Hirte in die Wüste nachgeht, war für die Kirchenväter ein Bild für das Geheimnis Christi und der Kirche. Die Menschheit, wir alle, sind das verlorene Schaf, das in der Wüste keinen Weg mehr findet. Den Sohn Gottes leidet es nicht im Himmel; er kann den Menschen nicht in solcher Not stehen lassen. Er steht selber auf, verlässt des Himmels Herrlichkeit, um das Schaf zu finden, und geht ihm nach bis zum Kreuz. Er lädt es auf die Schulter, er trägt unser Menschsein, er trägt uns – er ist der wahre Hirt, der für das Schaf sein eigenes Leben gibt. Das Pallium sagt uns zuallererst, dass wir alle von Christus getragen werden. Aber er fordert uns zugleich auf, einander zu tragen. So wird das Pallium zum Sinnbild für die Sendung des Hirten, von der [...] das Evangelium spricht. Den Hirten muss die heilige Unruhe Christi beseelen, dem es nicht gleichgültig ist, dass so viele Menschen in der Wüste leben. Und es gibt vielerlei Arten von Wüsten. Es gibt die Wüste der Armut, die Wüste des Hungers und des Durstes. Es gibt die Wüste der Verlassenheit, der Einsamkeit, der zerstörten Liebe. Es gibt die Wüste des Gottesdunkels, der Entleerung der Seelen, die nicht mehr um die Würde und um den Weg des Menschen wissen. Die äußeren Wüsten wachsen in der Welt, weil die inneren Wüsten so groß geworden sind. Deshalb dienen die Schätze der Erde nicht mehr dem Aufbau von Gottes Garten, in dem alle leben können, sondern dem Ausbau von Mächten der Zerstörung. Die Kirche als Ganze und die Hirten in ihr müssen wie Christus sich auf den Weg machen, um die Menschen aus der Wüste herauszuführen zu den Orten des Lebens – zur Freundschaft mit dem Sohn Gottes, der uns Leben schenkt, Leben in Fülle. Das Symbol des Lammes hat aber auch noch eine andere Seite. Im alten Orient war es üblich, dass die Könige sich als Hirten ihrer Völker bezeichneten. Dies war ein Bild ihrer Macht, ein zynisches Bild: Die Völker waren wie Schafe für sie, über die der Hirte verfügt. Der wahre Hirte aller Menschen, der lebendige Gott, ist selbst zum Lamm geworden, er hat sich auf die Seite der Lämmer, der Getretenen und Geschlachteten gestellt. Gerade so zeigt er sich als der wirkliche Hirt. »Ich bin der wahre Hirte... Ich gebe mein Leben für die Schafe«, sagt Jesus von sich (*Joh* 10, 14f). Nicht die Gewalt erlöst, sondern die Liebe. Sie ist das Zeichen Gottes, der selbst die Liebe ist. Wie oft wünschten wir, dass Gott sich stärker zeigen würde. Dass er dreinschlagen würde, das Böse ausrotten und die bessere Welt schaffen. Alle Ideologien der Gewalt rechtfertigen sich mit diesen Motiven: Es müsse auf solche Weise zerstört werden, was dem Fortschritt und der Befreiung der Menschheit entgegenstehe. Wir leiden unter der Geduld Gottes. Und doch brauchen wir sie alle. Der Gott, der Lamm wurde, sagt es uns: Die

Welt wird durch den Gekreuzigten und nicht durch die Kreuziger erlöst. Die Welt wird durch die Geduld Gottes erlöst und durch die Ungeduld der Menschen verwüstet.

Predigt, Heilige Messe zur Amtseinführung von Papst Benedikt XVI. mit Übergabe des Palliums und des Fischerrings, Petersplatz, 24. April 2005

[...] das 15. Kapitel des Lukasevangeliums [ist einer] der erhabensten und ergreifendsten Abschnitte der ganzen Heiligen Schrift. Mit Freude denken wir daran, dass in der ganzen Welt, wo auch immer sich die christliche Gemeinde versammelt, um die sonntägliche Eucharistie zu feiern, an diesem Tag diese Frohe Botschaft der Wahrheit und des Heils erklingt: Gott ist barmherzige Liebe. Der Evangelist Lukas hat in diesem Kapitel drei Gleichnisse über die göttliche Barmherzigkeit gesammelt: die beiden kürzeren, die er mit Matthäus und Markus gemeinsam hat, sind die Gleichnisse vom verlorenen Schaf und von der verlorenen Drachme; das dritte, lange, ausführliche Gleichnis, das sich nur bei ihm findet, ist das berühmte Gleichnis vom barmherzigen Vater, das gewöhnlich das »Gleichnis vom verlorenen Sohn« genannt wird. In diesem Abschnitt des Evangeliums ist es so, als hörte man gleichsam die Stimme Jesu, der uns das Antlitz seines Vaters und unseres Vaters offenbart. Im Grunde ist er dazu auf die Welt gekommen, um zu uns vom Vater zu sprechen; um ihn uns verlorenen Söhnen bekannt zu machen und in unseren Herzen die Freude zu wecken, ihm zu gehören, die Hoffnung, Vergebung zu finden und unsere volle Würde zurückerstattet zu bekommen, und den Wunsch, für immer in seinem Haus zu wohnen, das auch unser Haus ist.

Jesus erzählte die drei Gleichnisse der Barmherzigkeit, da die Pharisäer und Schriftgelehrten schlecht über ihn redeten, denn sie sahen, dass er auf die Sünder zuging und sogar mit ihnen aß (vgl. *Lk* 15,1–3). So erklärte er mit der für ihn bezeichnenden Sprache, dass Gott nicht will, dass auch nur einer seiner Söhne verloren gehe und dass sein Herz vor Freude überfließt, wenn ein Sünder umkehrt. Die wahre Religion besteht also darin, in Einklang zu kommen mit diesem Herzen, das »reich an Barmherzigkeit« ist und uns bittet, alle zu lieben, auch die Fernstehenden und die Feinde, und so den himmlischen Vater nachzuahmen, der die Freiheit eines jeden respektiert und alle mit der unbesiegbaren

Kraft seiner Treue an sich zieht. Das ist der Weg, den Jesus all denen weist, die seine Jünger sein wollen: »Richtet nicht... verurteilt nicht... Erlasst einander die Schuld, dann wird auch euch die Schuld erlassen werden. Gebt, dann wird auch euch gegeben werden... Seid barmherzig, wie es auch euer Vater ist!« (*Lk* 6,36–38). In diesen Worten finden wir sehr konkrete Anweisungen für unser alltägliches Verhalten als Gläubige.

Angelus, Apostolischer Palast, Castel Gandolfo,
16. September 2007

Tatsächlich ist der Hirt, der das verlorene Schaf wiederfindet, der Herr selbst, der mit seinem Kreuz das sündige Sein des Menschen auf sich nimmt, um es zu erlösen.

Angelus, Apostolischer Palast, Castel Gandolfo,
12. September 2010

Das Gleichnis vom verlorenen Sohn

Weiter sagte Jesus: Ein Mann hatte zwei Söhne. Der jüngere von ihnen sagte zu seinem Vater: Vater, gib mir das Erbteil, das mir zusteht. Da teilte der Vater das Vermögen auf. Nach wenigen Tagen packte der jüngere Sohn alles zusammen und zog in ein fernes Land. Dort führte er ein zügelloses Leben und verschleuderte sein Vermögen. Als er alles durchgebracht hatte, kam eine große Hungersnot über das Land, und es ging ihm sehr schlecht. Da ging er zu einem Bürger des Landes und drängte sich ihm auf; der schickte ihn aufs Feld zum Schweinehüten. Er hätte gern seinen Hunger mit den Futterschoten gestillt, die die Schweine fraßen; aber niemand gab ihm davon. Da ging er in sich und sagte: Wie viele Tagelöhner meines Vaters haben mehr als genug zu essen und ich komme hier vor Hunger um. Ich will aufbrechen und zu meinem Vater gehen und zu ihm sagen: Vater, ich habe mich gegen den Himmel und gegen dich versündigt. Ich bin nicht mehr wert, dein Sohn zu sein; mach mich zu einem deiner Tagelöhner. Dann brach er auf und ging zu seinem Vater. Der Vater sah ihn schon von weitem kommen und er hatte Mitleid mit ihm. Er lief dem Sohn entgegen, fiel ihm um den Hals und küsste ihn. Da sagte der Sohn: Vater, ich habe mich gegen den Himmel und gegen dich versündigt; ich bin nicht mehr wert, dein Sohn zu sein. Der Vater aber sagte zu seinen Knechten: Holt schnell das beste Gewand und zieht es ihm an, steckt ihm einen Ring an die Hand und zieht ihm Schuhe an. Bringt das Mastkalb her und schlachtet es; wir wollen essen und fröhlich sein. Denn mein Sohn war tot und lebt wieder; er war verloren und ist wiedergefunden worden. Und sie begannen, ein fröhliches Fest zu feiern. Sein älterer Sohn war unterdessen auf dem Feld. Als er heimging und in die Nähe des Hauses kam, hörte er Musik und Tanz. Da rief er einen der Knechte und fragte, was das bedeuten solle. Der Knecht antwortete: Dein Bruder ist gekommen und dein Vater hat das Mastkalb schlachten lassen, weil er ihn heil und gesund wiederbekommen hat. Da wurde er zornig und wollte nicht hineingehen. Sein Vater aber kam heraus und redete ihm gut zu. Doch er erwiderte dem Vater: So viele Jahre schon diene ich dir, und nie habe ich gegen deinen Willen gehandelt; mir aber hast du nie auch nur einen Ziegenbock geschenkt, damit ich mit meinen Freunden ein Fest feiern konnte. Kaum aber ist der hier gekommen, dein Sohn, der dein Vermögen mit Dirnen durchgebracht hat, da hast du für ihn das Mastkalb geschlachtet. Der Vater antwortete ihm: Mein Kind, du bist immer bei mir, und alles, was mein ist, ist auch dein. Aber jetzt müssen wir uns doch freuen und ein Fest feiern; denn dein Bruder war tot und lebt wieder; er war verloren und ist wiedergefunden worden.

Lk 15,11-32

In diesem Evangelium treten drei Personen auf: Der Vater und die beiden Söhne. Aber hinter diesen Personen kommen zwei recht verschiedene Lebensentwürfe zum Vorschein. Beide Söhne leben in Frieden, sind sehr wohlhabende Landwirte, haben daher genug zum Leben, ihre Produkte verkaufen sich gut, es scheint ein gutes Leben zu sein.

Dennoch findet der jüngere Sohn mit der Zeit dieses Leben langweilig, unbefriedigend: Das – denkt er – kann nicht das ganze Leben sein: Tagtäglich aufstehen, wahrscheinlich um 6 Uhr früh, dann, wie es die Tradition Israels verlangt, ein Gebet sprechen, eine Lesung aus der Bibel, dann an die Arbeit gehen und am Ende des Tages wieder ein Gebet. So geht es Tag für Tag. Er denkt: Nein, das Leben ist mehr, ich muss ein anderes Leben finden, in dem ich wirklich frei bin, tun kann, was mir gefällt; ein Leben, frei von dieser Disziplin und von diesen Regeln der Gebote Gottes, der Anordnungen des Vaters; ich möchte allein ich selbst sein und das ganze Leben, mit allen seinen Schönheiten, vollständig für mich haben. Jetzt hingegen ist das Leben nur Arbeit ...

Und so beschließt er, sein ganzes Vermögen zu nehmen und fortzugehen. Der Vater ist sehr respektvoll und großzügig und respektiert die Freiheit des Sohnes: Er muss seinen Lebensentwurf selbst finden. Und der Sohn zieht fort in ein fernes Land, wie es im Evangelium heißt. Wahrscheinlich fern in geografischer Hinsicht, weil er eine Veränderung sucht, aber auch innerlich fern, weil er ein völlig anderes Leben haben will. Seine Vorstellung ist jetzt: Freiheit, tun, was ich tun will, nicht diese Gebote eines fernen Gottes kennen, nicht im Gefängnis dieser häuslichen Disziplin leben, tun, was schön ist, was mir gefällt, das Leben in seiner ganzen Schönheit und Fülle besitzen.

Und zuerst – wir könnten vielleicht annehmen, für einige Monate – geht alles glatt: Er findet es schön, endlich zum Leben gelangt zu sein, er fühlt sich glücklich. Aber dann empfindet er mit der Zeit auch hier die Langeweile, auch hier ist es immer dasselbe. Und am Ende macht sich da eine immer unheimlichere Leere bemerkbar; immer stärker wächst das Gefühl, dass dies noch nicht das Leben ist; ja, je länger diese ganze Situation andauert, um so weiter entfernt sich das Leben. Alles wird leer: Auch jetzt stellt sich wieder die Sklaverei ein, immer dasselbe tun zu müssen. Und am Ende ist auch das Geld aufgebraucht, und der junge Mann findet, dass sein Lebensniveau unter dem der Schweine liegt.

Nun beginnt er nachzudenken und fragt sich, ob das wirklich der Weg des Lebens war: eine Freiheit, die von ihm in dem Sinn ausgelegt wurde, zu tun, was er will, und das Leben nur für sich allein zu leben; oder ob das Leben stattdessen nicht vielleicht eher darin bestünde, für die anderen zu leben, zum Aufbau der Welt und zum Wachstum der menschlichen Gemeinschaft beizutragen ... So beginnt für ihn der neue Weg, ein innerer Weg. Der junge Mann denkt nach und erwägt alle diese neuen Aspekte des Problems und beginnt zu sehen, dass er zu Hause viel freier war, da auch er Besitzer war, zum Aufbau des Hauses und der Gesellschaft in Gemeinschaft mit dem Schöpfer beitrug, den Zweck seines Lebens kannte und den Plan erahnte, den Gott für ihn hatte. Auf diesem inneren Weg, in diesem Heranreifen eines neuen Lebensplanes erlebt der jüngere Sohn dann

auch den äußeren Weg und bricht auf, um zurückzukehren, um mit seinem Leben neu zu beginnen, denn er hatte nunmehr begriffen, dass er mit dem Weg, den er eingeschlagen hatte, auf dem falschen Gleis war. Er sagte sich: Ich muss neu starten, mit einem anderen Konzept, ich muss neu anfangen.
Er kommt zum Haus des Vaters, der ihm seine Freiheit gelassen hatte, um ihm die Möglichkeit zu geben, innerlich zu verstehen, was es heißt, zu leben und nicht zu leben. Der Vater umarmt ihn mit seiner ganzen Liebe und lässt für ihn ein Fest vorbereiten; mit diesem Fest kann sein Leben neu beginnen. Der Sohn begreift, dass gerade die Arbeit, die Demut, die Disziplin eines jeden Tages das echte Fest und die echte Freiheit hervorbringen. So kehrt er innerlich gereift und geläutert nach Hause zurück: Er hat verstanden, was es bedeutet zu leben. Sicherlich wird auch in Zukunft sein Leben nicht leicht sein, die Versuchungen werden wieder auftauchen, aber er ist sich jetzt voll dessen bewusst, dass ein Leben ohne Gott nicht funktioniert: Ohne Gott fehlt das Wesentliche, fehlt das Licht, fehlt der Grund, fehlt der große Sinn des Menschseins. Er hat verstanden, dass wir Gott nur aus seinem Wort erkennen können. (Wir Christen können hinzufügen, dass wir von Jesus wissen, wer Gott ist, denn in Jesus hat sich uns

wirklich das Antlitz Gottes gezeigt.) Der junge Mann erkennt, dass Gottes Gebote keine Hindernisse für die Freiheit und für ein schönes Leben darstellen, sondern den Weg anzeigen, den man gehen muss, um das Leben zu finden. Er sieht ein, dass auch die Arbeit, die Disziplin, der Einsatz nicht für sich selbst, sondern für die anderen das Leben reicher werden lassen. Und gerade diese Mühe, sich in der Arbeit einzusetzen, verleiht dem Leben Tiefe, weil man die Befriedigung darüber erfährt, zum Wachstum dieser Welt, die freier und schöner wird, beigetragen zu haben.

Ich möchte jetzt nicht über den anderen Sohn, der zu Hause geblieben ist, sprechen. Aber an seiner Reaktion des Neides sehen wir: Auch er träumte innerlich davon, dass es vielleicht viel besser wäre, sich alle Freiheiten zu nehmen. Auch er muss innerlich »nach Hause zurückkehren« und neu begreifen, was das Leben ist, begreifen, dass man nur mit Gott, mit seinem Wort, in der Gemeinschaft der eigenen Familie und der Arbeit, in der Gemeinschaft der großen Familie Gottes wirklich lebt. Ich möchte jetzt nicht auf diese Details eingehen: Lassen wir es zu, dass jeder von uns seine Weise hat, dieses Evangelium auf sich anzuwenden. Unsere Situationen sind verschieden, und ein jeder hat seine Welt. Das schließt nicht aus, dass es uns alle angeht und alle durch unseren inneren Weg in die Tiefe des Evangeliums eintreten können.

Nur noch ein paar kleine Bemerkungen. Das Evangelium hilft uns zu verstehen, wer Gott wirklich ist: Er ist der barmherzige Vater, der uns in Jesus über alle Maßen liebt. Die Fehler, die wir begehen, und seien es auch schwere Fehler, greifen die Treue seiner Liebe nicht an. Im Bußsakrament können wir mit unserem Leben immer wieder neu anfangen: Er nimmt uns an, er gibt uns die Würde seiner Kinder zurück. Entdecken wir also wieder dieses Sakrament der Vergebung, das die Freude aufsprudeln lässt in einem Herzen, das wiedergeboren ist zum wahren Leben.

Außerdem hilft uns dieses Gleichnis zu begreifen, wer der Mensch ist: Er ist keine »Monade«, kein isoliertes Wesen, das nur für sich allein lebt und das Leben nur für sich selbst haben soll. Im Gegenteil, wir leben mit den anderen, wir sind zusammen mit den anderen erschaffen und nur darin, dass wir bei den anderen sind, uns den anderen hingeben, finden wir das Leben. Der Mensch ist ein Geschöpf, dem Gott sein Bild aufgeprägt hat, ein Geschöpf, das in den Horizont seiner Gnade hineingezogen wird; aber er ist auch ein schwaches Geschöpf und dem

Bösen ausgesetzt; er ist jedoch auch zum Guten fähig. Und schließlich ist der Mensch eine freie Person. Wir müssen begreifen, was Freiheit ist und was bloß der Schein von Freiheit ist. Die Freiheit, so könnten wir sagen, ist ein Sprungbrett, um in das unendliche Meer der göttlichen Güte hineinzuspringen; sie kann aber auch zu einer schiefen Ebene werden, auf der wir zum Abgrund der Sünde und des Bösen hin abrutschen und damit auch die Freiheit und unsere Würde verlieren. [...]

In [der] Fastenzeit hilft uns die Kirche, diesen inneren Weg einzuschlagen, und lädt uns zur Umkehr ein, die nicht in erster Linie eine Anstrengung ist – die freilich immer wichtig ist, um unser Verhalten zu ändern –, sondern eher eine Gelegenheit, uns zu entschließen, aufzubrechen und neu anzufangen, das heißt die Sünde aufzugeben und uns für die Rückkehr zu Gott zu entscheiden. Gehen wir – das ist das Gebot der Fastenzeit – gehen wir gemeinsam diesen Weg der inneren Befreiung. Jedes Mal, wenn wir [...] an der Eucharistie, der Quelle und Schule der Liebe, teilnehmen, werden wir fähig, diese Liebe zu leben, sie zu verkündigen und sie durch unser Leben zu bezeugen. Wir müssen uns jedoch entschließen, auf Jesus zuzugehen, wie es der verlorene Sohn getan hat, als er innerlich und äußerlich zum Vater zurückkehrte. Zugleich müssen wir die egoistische Haltung des älteren selbstsicheren Sohnes aufgeben, der leichtfertig die anderen verurteilt, sein Herz dem Verständnis, der Annahme und der Vergebung der Brüder verschließt und vergisst, dass auch er der Vergebung bedarf.

Predigt, Besuch im römischen Jugendgefängnis »Casal del Marmo«

Eine lebendige Schilderung dessen, was es bedeutet, vom Weg des Todes auf den des Lebens zurückzukehren, findet sich in [der] Evangelienerzählung [des] Gleichnis[ses] vom verlorenen Sohn. Als jener junge Mann zu Beginn der Geschichte das Haus seines Vaters verließ, suchte er die illusorischen Vergnügen, die die falschen »Götter« versprechen. Er verschleuderte sein Erbe in einem ausschweifenden Leben und endete in bitterster Armut und in Elend. Als er, hungrig und verkommen, den absoluten Tiefpunkt erreicht hatte, erkannte er, wie töricht er gewesen war, seinen liebevollen Vater zu verlassen. Demütig kehrte er zurück und bat um Vergebung. Voll Freude umarmte ihn sein Vater und rief: »Mein Sohn war tot und lebt wieder; er war ver-

loren und ist wiedergefunden worden« (*Lk* 15,24). Viele von euch haben wahrscheinlich persönlich erfahren, was jener junge Mann durchgemacht hat. Vielleicht habt ihr Entscheidungen getroffen, die ihr jetzt bereut, Entscheidungen, die euch einen Weg geführt haben, der, so anziehend er damals erschien, euch nur tiefer in Elend und Verlassenheit führte. Die Entscheidung, Drogen und Alkohol zu missbrauchen, sich auf kriminelle oder selbstzerstörerische Aktivitäten einzulassen, mag damals als ein Weg erschienen sein, der einen Ausweg aus einer schwierigen oder verworrenen Situation bot. Jetzt wisst ihr, dass das nicht Leben, sondern Tod bringt. Ich möchte euren Mut anerkennen, dass ihr euch entschlossen habt, genauso wie der junge Mann im Gleichnis auf den Weg des Lebens zurückzukehren. Ihr habt Hilfe angenommen – von Freunden oder von der Familie, [...] von Menschen, die zutiefst um euer Wohlergehen und euer Glück bemüht sind.
Liebe Freunde, ich sehe euch als Botschafter der Hoffnung für andere in ähnlichen Situationen an. Ihr könnt sie von der Notwendigkeit überzeugen, den Weg des Lebens zu wählen und den Weg des Todes zu meiden, denn ihr sprecht aus Erfahrung. In allen Evangelien waren es diejenigen, die auf Abwege geraten waren, denen Jesus besondere Liebe ent-

gegenbrachte, denn wenn sie erst einmal ihren Fehler eingestanden hatten, waren sie um so offener für seine heilende Botschaft. Tatsächlich wurde Jesus oft von selbstgerechten Gliedern der Gesellschaft kritisiert, dass er so viel Zeit mit solchen Leuten verbrachte. »Wie kann euer Meister zusammen mit Zöllnern und Sündern essen?«, fragten sie. Und er antwortete: »Nicht die Gesunden brauchen den Arzt, sondern die Kranken ... Ich bin nicht gekommen, um die Gerechten zu rufen, sondern die Sünder« (vgl. *Mt* 9,11-13). Diejenigen, die willig waren, ihr Leben umzugestalten, waren am meisten bereit, auf Jesus zu hören und seine Jünger zu werden. Ihr könnt in ihre Fußstapfen treten, auch ihr könnt Jesus besonders nahe kommen, gerade weil ihr euch entschlossen habt, zu ihm umzukehren. Ihr könnt sicher sein, dass Jesus, genau so wie der Vater in der Erzählung vom verlorenen Sohn, euch mit offenen Armen empfängt. Er bietet euch bedingungslose Liebe an – und in der liebenden Freundschaft mit ihm findet man die Fülle des Lebens.

Ich sagte schon, dass wir, wenn wir lieben, unser tiefstes Bedürfnis erfüllen und im vollsten Sinne wir selbst, im vollsten Sinne menschlich werden. Lieben ist das, worauf wir programmiert sind, wozu wir von unserem Schöpfer bestimmt sind. Natürlich spreche ich nicht von flüchtigen, oberflächlichen Beziehungen, ich spreche von wirklicher Liebe, dem eigentlichen Herzen von Jesu Morallehre: »Du sollst den Herrn, deinen Gott, lieben mit ganzem Herzen und ganzer Seele, mit all deinen Gedanken und all deiner Kraft« und »Du sollst deinen Nächsten lieben wie dich selbst« (vgl. *Mk* 12,30-31). Das ist, wenn ihr wollt, das Programm, das in jedem Menschen »fest installiert« ist, wenn wir nur die Weisheit und den Großmut besäßen, danach zu leben, wenn wir nur bereit wären, unsere eigenen Vorlieben preiszugeben, um den anderen zu Diensten zu sein, unser Leben für das Wohl der anderen und vor allem für Jesus hinzugeben, der uns geliebt hat und sein Leben für uns hingegeben hat. Das ist es, wozu die Menschen berufen sind, das bedeutet, wirklich zu leben.

Ansprache an die Jugendlichen bei einer Begegnung in Darlinghurst (Apostolische Reise von Papst Benedikt XVI. nach Sydney (Australien) anlässlich des XXIII. Weltjugendtages), 18. Juli 2008

Im Aufbruch des verlorenen Sohnes verbinden sich die Themen des Lebens und der Freiheit miteinander. Er will das Leben, und darum will er vollkommen frei sein. Frei zu sein bedeutet in dieser Sichtweise, alles tun zu können, was man will, kein Kriterium außer- und oberhalb von mir selbst gelten zu lassen, nur meinem Wunsch und meinem Willen zu folgen. Wer so lebt, wird bald mit demjenigen zusammenstoßen, der auf dieselbe Weise leben will. Die notwendige Folge dieses egoistischen Freiheitsbegriffes ist die Gewalt, die gegenseitige Zerstörung der Freiheit und des Lebens. Die Heilige Schrift dagegen verbindet den Freiheitsbegriff mit dem der Kindschaft. Der hl. Paulus sagt: »Denn ihr habt nicht einen Geist empfangen, der euch zu Sklaven macht, so dass ihr euch immer noch fürchten müsstet, sondern ihr habt den Geist empfangen, der euch zu Söhnen macht, den Geist, in dem wir rufen: Abba, Vater!« (*Röm* 8,15). Was bedeutet das? Der hl. Paulus setzt das Gesellschaftssystem der Antike voraus, in dem es Sklaven gab, denen nichts gehörte und die daher nicht interessiert waren am richtigen Ablauf der Dinge. Auf der anderen Seite standen die Söhne, die gleichzeitig Erben waren und daher für den Erhalt und die gute Verwaltung ihres Besitzes oder für den Erhalt des Staates sorgten. Da sie frei waren, besaßen sie auch eine Verantwortung. Wenn man vom soziologischen Hintergrund jener Zeit einmal absieht, gilt noch immer der Grundsatz: Freiheit und Verantwortung gehören zusammen. Die wahre Freiheit zeigt sich in der Verantwortung, in einer Handlungsweise, die Mitverantwortung trägt für die Welt, für sich selbst und für die anderen. Frei ist der Sohn, dem die Dinge gehören und der daher nicht zulässt, dass sie zerstört werden. Alle weltlichen Verantwortlichkeiten, von denen wir gesprochen haben, sind jedoch nur Teilverantwortlichkeiten, die einen bestimmten Bereich, einen bestimmten Staat usw. betreffen. Der Heilige Geist dagegen macht uns zu Söhnen und Töchtern Gottes. Er bezieht uns ein in die Verantwortlichkeit Gottes selbst für seine Welt, für die gesamte Menschheit. Er lehrt uns, die Welt, den Nächsten und uns selbst mit den Augen Gottes zu betrachten. Wir tun das Gute nicht wie Sklaven, die nicht die Freiheit haben, anders zu handeln, sondern wir tun es, weil wir persönliche Verantwortung für die Welt tragen, weil wir die Wahrheit und das Gute lieben, weil wir Gott lieben und daher auch seine Geschöpfe. Das ist die wahre Freiheit, zu der der Heilige Geist uns führen will. Die kirchlichen Bewegungen wollen und müssen Schulen der Freiheit sein, dieser wahren Freiheit. Dort wollen wir diese wahre Freiheit erlernen, nicht die der Sklaven, die darauf abzielt, für sich selbst ein Stück vom Kuchen abzuschneiden, der allen gehört, auch wenn dieses Stück anderen dann fehlt. Wir wünschen uns die wahre und große Freiheit, diejenige der Erben, die Freiheit der Kinder Gottes. In dieser Welt, die so voll ist von scheinbaren Freiheiten, die die Umwelt und den Menschen zerstören, wollen wir in der Kraft des Heiligen Geistes zusammen die wahre Freiheit erlernen, Schulen der Freiheit errichten, den anderen durch unser Leben zeigen, dass wir frei sind, und wie schön es ist, wirklich frei zu sein in der wahren Freiheit der Kinder Gottes.

Predigt, Pfingstvigil mit den kirchlichen Bewegungen und neuen Gemeinschaften, Petersplatz, 3. Juni 2006

Das Evangelium vom Vater und seinen beiden Söhnen [ist] als Gleichnis vom »verlorenen Sohn« bekannt [...] (Lk 15,11–32). Dieser Abschnitt aus dem Evangelium des hl. Lukas ist ein Höhepunkt der Spiritualität und der Literatur aller Zeiten. Denn was wären unsere Kultur, die Kunst und unsere Zivilisation im Allgemeinen ohne diese Offenbarung eines Gottvaters voll Erbarmen? Ständig bewegt sie uns, und jedes Mal, wenn wir sie hören oder lesen, kann sie uns immer neue Bedeutungen nahelegen. Der Text aus dem Evangelium besitzt vor allem die Kraft, zu uns von Gott zu sprechen, uns sein Antlitz, besser noch: sein Herz kennenlernen zu lassen. Nachdem Jesus uns vom barmherzigen Vater erzählt hat, sind die Dinge nicht mehr so wie vorher, jetzt kennen wir Gott: Er ist unser Vater, der uns aus Liebe zu uns frei und mit einem Gewissen begabt geschaffen hat, der leidet, wenn wir uns verirren, und ein Fest feiert, wenn wir zurückkehren. Aus diesem Grund baut sich die Beziehung mit ihm über eine Geschichte hinweg auf, ähnlich wie dies jedem Kind mit seinen Eltern widerfährt: Anfangs hängt es von ihnen ab; dann beansprucht es seine Selbstständigkeit; und schließlich – wenn eine positive Entwicklung gegeben ist – gelangt es zu einer reifen Beziehung, die auf Dankbarkeit und echter Liebe gründet.

In diesen Etappen können wir auch Momente des Wegs des Menschen in der Beziehung zu Gott erkennen. Es kann da eine Phase geben, die wie die Kindheit ist: eine durch Bedürfnis, durch Abhängigkeit geprägte Religion. Wenn dann der Mensch allmählich wächst und sich emanzipiert, will er sich von dieser Unterworfenheit frei machen und frei werden, erwachsen, fähig, sich selbst eine Regel zu geben und selbstständig seine Entscheidungen zu fällen, wobei er auch meint, auf Gott verzichten zu können. Das ist nun eine heikle Phase, die auch zum Atheismus führen kann, aber selbst dahinter verbirgt sich nicht selten das Bedürfnis, das wahre Antlitz Gottes zu entdecken. Zu unserem Glück versagt Gott nie seine Treue, und auch wenn wir uns entfernen und uns verlieren, fährt er fort, uns mit seiner Liebe zu folgen, wobei er unsere Irrtümer vergibt und innerlich zu unserem Gewissen spricht, um uns zu sich zurückzurufen. Im Gleichnis verhalten sich die beiden Söhne auf gegensätzliche Weise: der jüngere geht fort und fällt immer tiefer, während der ältere zu Hause bleibt, aber auch er hat eine unreife Beziehung zum Vater. Als nämlich der Bruder zurückkehrt, ist der ältere nicht glücklich, wie dies hingegen der Vater ist, im Gegenteil, er wird zornig und will nicht ins Haus zurückgehen. Die zwei Söhne stellen die beiden unreifen Weisen dar, mit Gott in eine Beziehung zu treten: die Auflehnung und die Heuchelei. Beide Formen werden durch die Erfahrung der Barmherzigkeit überwunden. Allein dadurch, dass wir die Vergebung erfahren und uns so als Menschen erkennen, die von einer ungeschul-

deten Liebe geliebt sind, die größer als unsere Armseligkeit, aber auch größer als unsere Gerechtigkeit ist, treten wir endlich in eine wirklich kindliche und freie Beziehung zu Gott.
[...] denken wir über dieses Gleichnis nach. Erkennen wir uns in den beiden Söhnen wieder, und betrachten wir vor allem das Herz des Vaters. Werfen wir uns in seine Arme und lassen wir uns von seiner barmherzigen Liebe erneuern. [...]
Das [...] Evangelium legt das bewegende Gleichnis vom verlorenen Sohn vor. Jesus lädt uns ein, auf das grenzenlose Erbarmen des Vaters zu vertrauen und zu ihm mit einem durch Reue geläuterten Herzen zurückzukehren. Dadurch, dass wir das Fasten achten und die Sakramente der Buße und der Eucharistie empfangen, mögen wir in der Reue über unsere Sünden wachsen und neu die liebende Umarmung des Vaters entdecken. [...]
Gott ist treu und liebt den Menschen, selbst wenn er sich von ihm entfernt und sich dadurch selber fremd wird, so erzählt uns [...] das Gleichnis vom verlorenen Sohn. In Jesus Christus schenkt Gott der Welt die Versöhnung, damit eine neue Schöpfung werde. Wir alle brauchen diese Versöhnung. Und wenn wir dieses große Geschenk annehmen, können wir auch die Botschaft der Treue und Liebe Gottes, der uns

allen wie ein barmherziger Vater entgegenkommt, weitertragen. [...]
[Mit dem] Gleichnis vom verlorenen Sohn [legt uns die Liturgie] eine Einladung zur Umkehr vor, die an alle ergeht, die wissen, dass sie sich durch die Sünde von Gott entfernt haben, und demütig und mutig die Entscheidung treffen, zu ihm zurückzukehren und so das Erbarmen und die unerwartete Milde des Vaters zu erfahren, der sie mit offenen Armen aufnimmt.

Angelus, Petersplatz, 14. März 2010

Der verlorene Sohn [...] ist ein junger Mann, der von seinem Vater das Erbteil bekommen hatte und »in ein fernes Land [zog]. Dort führte er ein zügelloses Leben und verschleuderte sein Vermögen« (Lk 15,13). Als er alles durchgebracht hatte, war er gezwungen, wie ein Knecht zu arbeiten, und er akzeptierte es sogar, sich an dem Futter zu sättigen, das für die Tiere bestimmt war. »Da ging er in sich«, sagt das Evangelium (Lk 15,17). »Die Worte, die er sich für die Heimkehr vorbereitet, lassen uns die Weite seiner inneren Wanderung erkennen, die er nun durchschreitet ... [er begibt sich] ›nach Hause‹, zu sich selber und zum Vater« (Benedikt XVI., Jesus von Nazareth, Freiburg-Basel-Wien 2007, S. 245). »Ich will aufbrechen und zu meinem Vater gehen und zu ihm sagen: Vater, ich habe mich gegen den Himmel und gegen dich versündigt. Ich bin nicht mehr wert, dein Sohn zu sein« (Lk 15,18–19). Der hl. Augustinus schreibt: »Das Wort selbst ist es, das dich zur Umkehr ruft. Dort ist die Stätte unwandelbarer Ruhe, wo nichts der Liebe entschwindet « (Bekenntnisse, IV, 11.16). »Der Vater sah ihn schon von weitem kommen, und er hatte Mitleid mit ihm. Er lief dem Sohn entgegen, fiel ihm um den Hals und küsste ihn« (Lk 15,20), und voller Freude ließ er ein Fest bereiten.

Wie sollten wir nicht in unserem Herzen die Gewissheit haben, dass wir, obwohl wir Sünder sind, von Gott geliebt werden? Er wird nie müde, uns entgegenzukommen, er legt immer als erster den Weg zurück, der uns von ihm trennt. Das Buch Exodus zeigt uns, wie es Mose mit vertrauensvollem und wagemutigem Flehen gelang, Gott sozusagen vom Thron des Gerichts zum Thron der Barmherzigkeit wechseln zu lassen (vgl. 32,7–11.13–14). Die Reue ist das Maß des Glaubens, und dank ihrer kehrt man zur Wahrheit zurück. Der Apostel Paulus schreibt:

»Ich habe Erbarmen gefunden, denn ich wusste in meinem Unglauben nicht, was ich tat« (1 Tim 1,13). Wenn wir auf das Gleichnis des Sohnes zurückkommen, der »nach Hause« zurückkehrt, bemerken wir: Als der ältere Sohn aufgrund der dem Bruder bereiteten festlichen Aufnahme empört auftritt, ist es wiederum der Vater, der ihm entgegengeht und zu ihm hinauskommt, um ihn anzuflehen: »Mein Kind, du bist immer bei mir, und alles, was mein ist, ist auch dein« (Lk 15,31). Nur der Glaube kann den Egoismus in Freude verwandeln und die rechten Beziehungen zum Nächsten und zu Gott neu anknüpfen. »Aber jetzt müssen wir uns doch freuen und ein Fest feiern«, sagt der Vater; »denn dein Bruder ... war verloren und ist wiedergefunden worden« (Lk 15,32). [...] Jesus [spricht] über die Freude im Himmel, welche die Rückkehr der Sünder zum Haus des Vaters begleitet. Diese Worte mögen uns dazu ermutigen, stets auf Gottes gnädige Liebe und Vergebung zu vertrauen. [...]

Wenn einem Menschen der tragische Ernst der Sünde bewusst wird, fällt es ihm oft schwer, an die Barmherzigkeit Gottes zu glauben. Darum veranschaulicht Jesus im Gleichnis vom verlorenen Sohn, dass der himmlische Vater immer mit offenen Armen auf uns wartet und ihm jeder Sünder, der um-

kehrt, große Freude bereitet. Diese trostreiche Verheißung stärke uns alle. [...]
[Das Gleichnis] ruft uns in Erinnerung, dass die Umkehr des Menschen immer auf das Erbarmen Gottes trifft. Wie der Vater voll Unruhe den verlorenen Sohn erwartete, so wartet Gott mit offenen Armen auf jeden Sünder, der aufrichtig umkehren und im Licht seiner Liebe leben will. Das Vertrauen erfülle also die Herzen, in denen die Entscheidung heranwächst: »Ich will aufbrechen und zu meinem Vater gehen« (Lk 15,18).

Angelus, Apostolischer Palast, Castel Gandolfo, 12. September 2010

Das Gleichnis vom verlorenen Sohn ist einer der am meisten geschätzten Abschnitte der Heiligen Schrift. Das tief greifende Bild der Barmherzigkeit Gottes und das große Verlangen des Menschen nach Umkehr und Versöhnung sowie nach der Heilung zerbrochener Beziehungen sprechen Männer und Frauen aller Zeiten an. Der Mensch ist häufig versucht, seine Freiheit zu leben, indem er sich von Gott entfernt. So stellen wir durch die Erfahrung des verlorenen Sohnes in der Geschichte und gleichzeitig in unserem eigenen Leben fest, dass die Suche nach Freiheit, wenn sie außerhalb von Gott stattfindet, zu einem negativen Ergebnis führt: zum Verlust der Würde als Person, zu moralischer Verwirrung und zu sozialem Zerfall. Die leidenschaftliche Liebe des Vaters zur Menschheit hingegen besiegt den menschlichen Hochmut. Sie ist eine frei geschenkte und vergebende Liebe, die die Menschen tiefer in die Gemeinschaft der Kirche Christi einführt. Sie gibt wirklich allen Völkern die Einheit in Gott, und sie versöhnt Gerechtigkeit und Liebe, wie es durch Christus in vollendeter Weise am Kreuz offenbar wird (vgl. Deus caritas est, 10). [...]

Was ist über den älteren Bruder zu sagen? Steht er nicht in gewisser Weise für uns alle, Männer und Frauen, und vielleicht besonders für jene, die sich traurigerweise von der Kirche entfernen? Mit der rationalen Begründung seiner Haltung und seines Handelns erregt er in gewisser Weise Mitleid, aber letztlich offenbart sie seine Unfähigkeit, bedingungslose Liebe zu verstehen. Er ist unfähig, in seinem Denken die Grenzen der natürlichen Gerechtigkeit zu überschreiten; er ist und bleibt gefangen in Neid und Hochmut, distanziert von Gott, isoliert von den anderen und mit sich selbst unzufrieden.

[Die] Betrachtung der drei Personen in diesem

Gleichnis – der Vater in seinem überreichen Erbarmen, der jüngere Sohn in seiner Freude, dass ihm vergeben wurde, und der ältere Bruder in seiner tragischen Isolierung – bestärke euch in eurem Wunsch, dem Schwinden des Sündenbewusstseins entgegenzutreten. Diese pastorale Priorität spiegelt [die] große Hoffnung wider, dass die Gläubigen die grenzenlose Liebe Gottes als eine Aufforderung erfahren mögen, ihre kirchliche Einheit zu vertiefen und die Spaltung und Zersplitterung zu überwinden, unter denen die Familien und Gemeinschaften von heute so oft leiden. Aus diesem Blickwinkel heraus versteht man die Verantwortung des Bischofs, auf die zerstörerische Präsenz der Sünde hinzuweisen, sofort als einen Dienst der Hoffnung: Die Gläubigen werden darin bestärkt, das Böse zu meiden und nach der Vollkommenheit der Liebe und der Fülle des christlichen Lebens zu streben.

Deshalb möchte ich eure Förderung des Sakraments der Buße loben. Obwohl dieses Sakrament oft nur auf Gleichgültigkeit stößt, bewirkt es doch die vollständige Heilung, nach der wir verlangen. Eine neue Wertschätzung dieses Sakraments wird bestätigen, dass die im Beichtstuhl verbrachte Zeit aus Bösem Gutes hervorbringt, vom Tod zum Leben erweckt und das barmherzige Antlitz des Vaters wieder offenbart.

Um das Geschenk der Versöhnung zu erfassen, ist eine eingehende Reflexion darüber notwendig, auf welche Weise der Mensch im Herzen zu Umkehr und Buße geführt werden kann (vgl. Reconciliatio et paenitentia, 23). Während Manifestationen der Sünde im Übermaß vorhanden sind – Geldgier und Korruption, Treubruch in Beziehungen und Ausbeutung von Menschen –, ist das persönliche Sündenbewusstsein geschwunden. Hinter dieser Abschwächung des Sündenbewusstseins und der entsprechenden Verminderung des Bedürfnisses, die Vergebung der Sünden zu suchen, steht letztlich eine Abschwächung unseres Gottesverhältnisses (vgl. Ansprache des Heiligen Vaters bei der ökumenischen Vesper in Regensburg, 12. September 2006; in O.R. dt., Nr. 38, 22.9.2006, S. 7).
Es überrascht nicht, dass dieses Phänomen besonders ausgeprägt ist in Gesellschaften, die gekennzeichnet sind von einer nachaufklärerischen weltlichen Ideologie. Wo Gott aus dem öffentlichen Leben ausgeschlossen wird, verflüchtigt sich das Bewusstsein, Gott zu beleidigen – das eigentliche Sündenbewusstsein. Ebenso verschwinden dann, wenn der absolute Wert der sittlichen Normen relativiert wird, die Kategorien von Gut und Böse zusammen mit der persönlichen Verantwortung. Das Bedürfnis des

Menschen, die Sünde zu erkennen und ihr gegenüberzutreten, verringert sich dennoch in Wirklichkeit nicht, unabhängig davon, wie sehr der Einzelne – wie der ältere Bruder – das Gegenteil rational begründen mag, wie uns der hl. Johannes sagt: »Wenn wir sagen, dass wir keine Sünde haben, führen wir uns selbst in die Irre« (1 Joh 1,8). Das ist ein wesentlicher Teil der Wahrheit über den Menschen. Wenn das Bedürfnis, die Vergebung zu suchen, und die Bereitschaft zu vergeben in Vergessenheit geraten, entsteht stattdessen eine erschreckende Kultur der Vorwürfe und des Streitens. Dieses üble Phänomen kann jedoch bekämpft werden. Dem Licht der heilbringenden Wahrheit Christi zu folgen bedeutet, mit dem Vater zu sagen: »Mein Kind, du bist immer bei mir, und alles, was mein ist, ist auch dein. Aber jetzt müssen wir uns doch freuen ...; denn dein Bruder war verloren und ist wiedergefunden worden« (Lk 15,31–32).

Ansprache an die kanadischen Bischöfe der westlichen Kirchenprovinzen anlässlich ihres »Ad-Limina«-Besuches, 9. Oktober 2006

Gott ist barmherzige Liebe. Der Evangelist Lukas hat in diesem Kapitel drei Gleichnisse über die göttliche Barmherzigkeit gesammelt: die beiden kürzeren, die er mit Matthäus und Markus gemeinsam hat, sind die Gleichnisse vom verlorenen Schaf und von der verlorenen Drachme; das dritte, lange, ausführliche Gleichnis, das sich nur bei ihm findet, ist das berühmte Gleichnis vom barmherzigen Vater, das gewöhnlich das »Gleichnis vom verlorenen Sohn« genannt wird. In diesem Abschnitt des Evangeliums ist es so, als hörte man gleichsam die Stimme Jesu, der uns das Antlitz seines Vaters und unseres Vaters offenbart. Im Grunde ist er dazu auf die Welt gekommen, um zu uns vom Vater zu sprechen; um ihn uns verlorenen Söhnen bekannt zu machen und in unseren Herzen die Freude zu wecken, ihm zu gehören, die Hoffnung, Vergebung zu finden und unsere volle Würde zurückerstattet zu bekommen, und den Wunsch, für immer in seinem Haus zu wohnen, das auch unser Haus ist.

Jesus erzählte die drei Gleichnisse der Barmherzigkeit, da die Pharisäer und Schriftgelehrten schlecht über ihn redeten, denn sie sahen, dass er auf die Sünder zuging und sogar mit ihnen aß (vgl. Lk 15,1–3). So erklärte er mit der für ihn bezeichnenden Sprache, dass Gott nicht will, dass auch nur einer seiner

Söhne verloren gehe und dass sein Herz vor Freude überfließt, wenn ein Sünder umkehrt. Die wahre Religion besteht also darin, in Einklang zu kommen mit diesem Herzen, das »reich an Barmherzigkeit« ist und uns bittet, alle zu lieben, auch die Fernstehenden und die Feinde, und so den himmlischen Vater nachzuahmen, der die Freiheit eines jeden respektiert und alle mit der unbesiegbaren Kraft seiner Treue an sich zieht. Das ist der Weg, den Jesus all denen weist, die seine Jünger sein wollen: »Richtet nicht ... verurteilt nicht ... Erlasst einander die Schuld, dann wird auch euch die Schuld erlassen werden. Gebt, dann wird auch euch gegeben werden... Seid barmherzig, wie es auch euer Vater ist!« (Lk 6,36–38). In diesen Worten finden wir sehr konkrete Anweisungen für unser alltägliches Verhalten als Gläubige.

In unserer Zeit hat es die Menschheit nötig, dass die Barmherzigkeit Gottes kraftvoll verkündigt und bezeugt wird. Prophetisch ahnte diese pastorale Dringlichkeit der geliebte Johannes Paul II., der ein großer Apostel der göttlichen Barmherzigkeit gewesen ist. Dem barmherzigen Vater widmete er seine zweite Enzyklika, und während seines ganzen Pontifikats machte er sich zum Missionar der Liebe Gottes bei allen Völkern. Nach den tragischen Ereignissen des 11. September 2001, die den Beginn des dritten Jahrtausends verdunkelten, forderte er die Christen und die Menschen guten Willens auf zu glauben, dass die Barmherzigkeit Gottes stärker als alles Böse ist und dass sich nur im Kreuz Christi das Heil der Welt findet. Die Jungfrau Maria, Mutter der Barmherzigkeit, [...] erwirke für uns die Gabe, immer auf die Liebe Gottes zu vertrauen, und sie helfe uns, barmherzig zu sein wie unser Vater im Himmel. [...]

Beim Nachdenken über das [...] Evangelium möget ihr das barmherzige Antlitz unseres himmlischen Vaters betrachten, den uns Jesus im Gleichnis vom verlorenen Sohn zeigt. So werdet ihr dazu angeleitet, mit immer größerem Vertrauen zu Gott umzukehren, vor allem durch das Sakrament der Versöhnung, zu dessen regelmäßigem Empfang ich euch einlade. [...]

[Wir hören] von Gottes unendlich barmherziger Liebe zu all jenen, die vom rechten Weg abirren. Mit großem Vertrauen kehren wir zu ihm zurück und bitten um seine Vergebung für all die Male, die wir ihn beleidigt haben. [...]

Wo Gott in den Herzen der Menschen wohnt, da können Frieden und soziale Gerechtigkeit wachsen. Wir wollen Werkzeuge der Liebe Gottes in unserer Welt sein.

Angelus, Apostolischer Palast, Castel Gandolfo, 16. September 2007

Das Gleichnis vom klugen Verwalter

Jesus sagte zu den Jüngern: Ein reicher Mann hatte einen Verwalter. Diesen beschuldigte man bei ihm, er verschleudere sein Vermögen. Darauf ließ er ihn rufen und sagte zu ihm: Was höre ich über dich? Leg Rechenschaft ab über deine Verwaltung! Du kannst nicht länger mein Verwalter sein. Da überlegte der Verwalter: Mein Herr entzieht mir die Verwaltung. Was soll ich jetzt tun? Zu schwerer Arbeit tauge ich nicht, und zu betteln schäme ich mich. Doch – ich weiß, was ich tun muss, damit mich die Leute in ihre Häuser aufnehmen, wenn ich als Verwalter abgesetzt bin. Und er ließ die Schuldner seines Herrn, einen nach dem andern, zu sich kommen und fragte den ersten: Wie viel bist du meinem Herrn schuldig? Er antwortete: Hundert Fass Öl. Da sagte er zu ihm: Nimm deinen Schuldschein, setz dich gleich hin und schreib »fünfzig«. Dann fragte er einen andern: Wie viel bist du schuldig? Der antwortete: Hundert Sack Weizen. Da sagte er zu ihm: Nimm deinen Schuldschein und schreib »achtzig«. Und der Herr lobte die Klugheit des unehrlichen Verwalters und sagte: Die

Kinder dieser Welt sind im Umgang mit ihresgleichen klüger als die Kinder des Lichtes.

Lk 16,1-8

[Das Gleichnis ruft] ein gewisses Erstaunen hervor [...], da von einem unehrlichen Verwalter die Rede ist, der gelobt wird (vgl. *Lk* 16,1–13), bei näherem Hinsehen eine ernsthafte und um so heilsamere Lehre. Wie immer geht der Herr von Ereignissen des alltäglichen Lebens aus: er erzählt von einem Verwalter, dem es aufgrund der unehrlichen Führung der Geschäfte seines Herrn bevorsteht, entlassen zu werden, und der – um sich die Zukunft zu sichern – mit Schlauheit versucht, sich mit den Schuldnern zu einigen. Gewiss ist er ein unehrlicher, aber listiger Mann: das Evangelium stellt ihn uns nicht als ein Vorbild vor, dem in seiner Unehrlichkeit zu folgen wäre, sondern als ein Beispiel, das wegen seiner vorausschauenden Klugheit nachzuahmen ist. Das kurze Gleichnis schließt in der Tat mit den Worten: »Und der Herr lobte die Klugheit des unehrlichen Verwalters« (*Lk* 16,8).
Was will uns Jesus mit diesem Gleichnis sagen? Mit

diesem überraschenden Schluss? Dem Gleichnis des untreuen Verwalters lässt der Evangelist eine kurze Reihe von Aussprüchen und Ermahnungen hinsichtlich der Beziehung folgen, die wir zum Geld und zu den Gütern dieser Welt haben sollen. Es sind dies kleine Sätze, die zu einer Entscheidung einladen, die einen radikalen Entschluss voraussetzt, eine stete innere Ausrichtung. Das Leben ist in Wahrheit immer eine Entscheidung: zwischen Ehrlichkeit und Unehrlichkeit, Treue und Untreue, Egoismus und Altruismus, Gut und Böse. Einschneidend und unumstößlich lautet der Schluss des Abschnitts aus dem Evangelium: »Kein Sklave kann zwei Herren dienen; er wird entweder den einen hassen und den andern lieben, oder er wird zu dem einen halten und den andern verachten.« Schließlich, sagt Jesus, muss man sich entscheiden: »Ihr könnt nicht beiden dienen, Gott und dem *Mammon*« (*Lk* 16,13). Mammon ist ein Begriff phönizischer Herkunft, der wirtschaftliche Sicherheit und Erfolg in den Geschäften wachruft; wir könnten sagen, dass im Reichtum das Götzenbild angezeigt ist, dem alles geopfert wird, nur um den eigenen materiellen Erfolg zu erreichen, und so wird dieser wirtschaftliche Erfolg zum wahren Gott eines Menschen. Es ist also eine Grundentscheidung zwischen Gott und dem Mammon notwendig – es ist die Entscheidung zwischen der Logik des Profits als letztes Kriterium unseres Handelns und der Logik des Teilens und der Solidarität notwendig. Wenn die Logik des Profits die Oberhand gewinnt, so vermehrt sie das Missverhältnis zwischen Reich und Arm sowie die zerstörerische Ausbeutung des Planeten. Wenn hingegen die Logik des Teilens und der Solidarität überwiegt, ist es möglich, den Kurs zu korrigieren und ihn auf eine gerechte Entwicklung auszurichten, zum gemeinsamen Wohl aller. Im Grunde handelt es sich um die Entscheidung zwischen dem Egoismus und der Liebe, zwischen der Gerechtigkeit und der Unehrlichkeit, schließlich zwischen Gott und Satan. Wenn die Liebe zu Christus und den Brüdern nicht als etwas Nebensächliches und Oberflächliches angesehen wird, sondern vielmehr als der wahre und letzte Zweck unserer ganzen Existenz, muss man es verstehen, Grundsatzentscheidungen zu fällen, bereit zu sein zu radikalen Verzichten, wenn notwendig bis hin zum Martyrium. Heute wie gestern erfordert das Leben des Christen den Mut, gegen den Strom zu schwimmen, wie Jesus zu lieben, der bis zum Opfer seiner selbst am Kreuz gegangen ist.

Wir könnten also in Anlehnung an eine Betrachtung des hl. Augustinus sagen, dass wir uns durch die irdischen Reichtümer die wahren und ewigen Reichtümer erwerben müssen: wenn es nämlich Leute gibt, die zu jeglicher Art von Unehrlichkeit bereit sind, nur um sich einen materiellen, wenngleich immer ungewissen Reichtum zu sichern, um so mehr müssten da wir Christen uns darum kümmern, für unser ewiges Glück mit den Gütern dieser Erde vorzusorgen (vgl. *Sermones* 359,10). Nun, die einzige Weise, um unsere Begabung und unsere persönlichen Fähigkeiten wie auch die Reichtümer, die wir besitzen, für die Ewigkeit fruchtbar werden zu lassen, besteht darin, sie mit den Brüdern zu teilen und uns so als gute Verwalter dessen zu erweisen, was Gott uns anvertraut. Jesus sagt: »Wer in den kleinsten Dingen zuverlässig ist, der ist es auch in den großen, und wer bei den kleinsten Dingen Unrecht tut, der tut es auch bei den großen« (*Lk* 16,10).

Predigt, Eucharistiefeier vor der Kathedrale von Velletri, Piazza San Clemente, 23. September 2007

Das Beispiel vom reichen Mann und vom armen Lazarus

Es war einmal ein reicher Mann, der sich in Purpur und feines Leinen kleidete und Tag für Tag herrlich und in Freuden lebte. Vor der Tür des Reichen aber lag ein armer Mann namens Lazarus, dessen Leib voller Geschwüre war. Er hätte gern seinen Hunger mit dem gestillt, was vom Tisch des Reichen herunterfiel. Stattdessen kamen die Hunde und leckten an seinen Geschwüren. Als nun der Arme starb, wurde er von den Engeln in Abrahams Schoß getragen. Auch der Reiche starb und wurde begraben. In der Unterwelt, wo er qualvolle Schmerzen litt, blickte er auf und sah von weitem Abraham, und Lazarus in seinem Schoß. Da rief er: Vater Abraham, hab Erbarmen mit mir und schick Lazarus zu mir; er soll wenigstens die Spitze seines Fingers ins Wasser tauchen und mir die Zunge kühlen, denn ich leide große Qual in diesem Feuer. Abraham erwiderte: Mein Kind, denk daran, dass du schon zu Lebzeiten deinen Anteil am Guten erhalten hast, Lazarus aber nur Schlechtes. Jetzt wird er dafür getröstet, du aber musst leiden. Außerdem ist zwischen uns und euch ein tiefer, unüberwindlicher

Abgrund, sodass niemand von hier zu euch oder von dort zu uns kommen kann, selbst wenn er wollte. Da sagte der Reiche: Dann bitte ich dich, Vater, schick ihn in das Haus meines Vaters! Denn ich habe noch fünf Brüder. Er soll sie warnen, damit nicht auch sie an diesen Ort der Qual kommen. Abraham aber sagte: Sie haben Mose und die Propheten, auf die sollen sie hören. Er erwiderte: Nein, Vater Abraham, nur wenn einer von den Toten zu ihnen kommt, werden sie umkehren. Darauf sagte Abraham: Wenn sie auf Mose und die Propheten nicht hören, werden sie sich auch nicht überzeugen lassen, wenn einer von den Toten aufersteht.

Lk 16,19-31

[Das Lukasevangelium stellt uns] das Gleichnis vom reichen Mann und vom armen Lazarus vor (*Lk* 16,19–31). Der Reiche personifiziert den ungerechten Gebrauch des Reichtums durch den, der ihn für einen zügellosen und egoistischen Luxus verwendet und dabei nur an seine eigene Genugtuung denkt, ohne sich im Geringsten um den Bettler zu kümmern, der vor seiner Tür steht. Der Arme repräsentiert im Gegensatz dazu den Menschen, um den sich nur Gott kümmert: im Unterschied zum reichen Mann hat er einen Namen, Lazarus, eine Abkürzung für Eleasar, was heißt: »Gott hilft ihm.« Wer von allen vergessen ist, den vergisst Gott nicht; wer in den Augen der Menschen nichts wert ist, ist wertvoll in den Augen des Herrn. Der Bericht zeigt, wie die irdische Ungerechtigkeit von der göttlichen Gerechtigkeit umgestoßen wird: Nach dem Tod wird Lazarus »in Abrahams Schoß« aufgenommen, das heißt in die ewige Seligkeit; der reiche Mann hingegen endete »in der Unterwelt«, »wo er qualvolle Schmerzen litt«. Es handelt sich um einen neuen Stand der Dinge, gegen den keine Berufung einzulegen und der endgültig ist; somit muss man sich während des Lebens bessern, es nachher zu tun ist nutzlos.

Dieses Gleichnis kann auch unter sozialem Blickwinkel gelesen werden. Die von Papst Paul VI. [...] in der

Enzyklika *Populorum progressio* gebotene Interpretation bleibt bezeichnend. Indem er vom Kampf gegen den Hunger sprach, schrieb er: »Es geht darum, eine Welt zu bauen, wo jeder Mensch... ein volles menschliches Leben führen kann... wo der arme Lazarus an derselben Tafel mit dem Reichen sitzen kann« (Nr. 47): Die zahlreichen Situationen des Elends – so ruft die Enzyklika in Erinnerung – werden einerseits »von Versklavung seitens der Menschen« und andererseits von »einer noch nicht hinreichend gebändigten Natur« verursacht« (*ebd.*). Leider leiden gewisse Bevölkerungen unter beiden Faktoren. [W]ir dürfen nicht so viele [...] Situationen humanitären Notstands in verschiedenen Regionen des Planeten vergessen, in denen die Kämpfe um die politische und wirtschaftliche Macht eine schon gravierende Umweltproblematik verschärfen. Der Appell, dem damals Paul VI. seine Stimme verlieh: »Die Völker, die Hunger leiden, bitten die Völker, die im Wohlstand leben, dringend und inständig um Hilfe« (*Populorum progressio,* 3), behält heute seine ganze Dringlichkeit bei. Wir können nicht sagen, dass wir den Weg, der einzuschlagen ist, nicht kennen: wir haben das Gesetz und die Propheten, sagt uns Jesus im Evangelium. Wer nicht auf sie hören will, würde sich nicht einmal dann ändern, wenn einer von den Toten aufersteht, um ihn zu ermahnen.

Die Jungfrau Maria möge uns helfen, damit wir die gegenwärtige Zeit nutzen, um auf das Wort Gottes zu hören und es in die Tat umzusetzen. Sie möge es für uns erreichen, dass wir aufmerksamer werden gegenüber den Brüdern in Not, um mit ihnen das Viele oder Wenige, das wir haben, zu teilen und, angefangen bei uns selbst, dazu beitragen, die Logik und den Stil der wahren Solidarität zu verbreiten.
[...]
Bitten wir die Jungfrau Maria, dass es uns gelingt, geleitet vom Vorbild und den Lehren Christi und getrieben von seiner Liebe, der Quelle der Freude und des Friedens in der hochherzigen und uneigennützigen Hingabe an die Nächsten zu begegnen, insbesondere an diejenigen, die in unserer Nähe leiden und sich in Not befinden.

Angelus, Apostolischer Palast, Castel Gandolfo,
30. September 2007

Das Beispiel vom Pharisäer und vom Zöllner

Einigen, die von ihrer eigenen Gerechtigkeit überzeugt waren und die anderen verachteten, erzählte Jesus dieses Beispiel: Zwei Männer gingen zum Tempel hinauf, um zu beten; der eine war ein Pharisäer, der andere ein Zöllner. Der Pharisäer stellte sich hin und sprach leise dieses Gebet: Gott, ich danke dir, dass ich nicht wie die anderen Menschen bin, die Räuber, Betrüger, Ehebrecher oder auch wie dieser Zöllner dort. Ich faste zweimal in der Woche und gebe dem Tempel den zehnten Teil meines ganzen Einkommens. Der Zöllner aber blieb ganz hinten stehen und wagte nicht einmal, seine Augen zum Himmel zu erheben, sondern schlug sich an die Brust und betete: Gott, sei mir Sünder gnädig! Ich sage euch: Dieser kehrte als Gerechter nach Hause zurück, der andere nicht. Denn wer sich selbst erhöht, wird erniedrigt, wer sich aber selbst erniedrigt, wird erhöht werden.

Lk 18,9-14

Die gute Botschaft des Evangeliums besteht eben darin: im Angebot der Gnade Gottes an den Sünder! An einer anderen Stelle verweist Jesus mit dem berühmten Beispiel vom Pharisäer und vom Zöllner, die zum Tempel hinaufgingen, um zu beten, sogar auf einen namenlosen Zöllner als lobenswertes Vorbild demütigen Vertrauens auf das göttliche Erbarmen: Der Pharisäer rühmt sich seiner eigenen sittlichen Vollkommenheit, der Zöllner dagegen »wagte nicht einmal, seine Augen zum Himmel zu erheben, sondern schlug sich an die Brust und betete: Gott, sei mir Sünder gnädig!« Und Jesus erläutert: »Ich sage euch: Dieser kehrte als Gerechter nach Hause zurück, der andere nicht. Denn wer sich selbst erhöht, wird erniedrigt, wer sich aber selbst erniedrigt, wird erhöht werden« (*Lk* 18,13–14). In der Gestalt des Matthäus stellen uns die Evangelien ein wirkliches Paradox vor Augen: Wer dem Anschein nach weit von der Heiligkeit entfernt ist, kann sogar zu einem Vorbild werden für einen Menschen, der bereit ist, die Barmherzigkeit Gottes zu empfangen, und kann ihre wunderbaren Auswirkungen im eigenen Leben erkennbar werden lassen.

Generalaudienz, 30. August 2006

Die Bildrede vom Fruchtbringen

Ich bin der wahre Weinstock und mein Vater ist der Winzer. Jede Rebe an mir, die keine Frucht bringt, schneidet er ab, und jede Rebe, die Frucht bringt, reinigt er, damit sie mehr Frucht bringt. Ihr seid schon rein durch das Wort, das ich zu euch gesagt habe. Bleibt in mir, dann bleibe ich in euch. Wie die Rebe aus sich keine Frucht bringen kann, sondern nur, wenn sie am Weinstock bleibt, so könnt auch ihr keine Frucht bringen, wenn ihr nicht in mir bleibt. Ich bin der Weinstock, ihr seid die Reben. Wer in mir bleibt und in wem ich bleibe, der bringt reiche Frucht; denn getrennt von mir könnt ihr nichts vollbringen. Wer nicht in mir bleibt, wird wie die Rebe weggeworfen, und er verdorrt. Man sammelt die Reben, wirft sie ins Feuer, und sie verbrennen. Wenn ihr in mir bleibt und wenn meine Worte in euch bleiben, dann bittet um alles, was ihr wollt: Ihr werdet es erhalten. Mein Vater wird dadurch verherrlicht, dass ihr reiche Frucht bringt und meine Jünger werdet. Wie mich der Vater geliebt hat, so habe auch ich euch geliebt. Bleibt in meiner Liebe! Wenn ihr meine Gebote haltet, werdet ihr in meiner Liebe bleiben, so wie ich die Gebote meines Vaters gehalten habe und in seiner Liebe bleibe. Dies habe ich euch gesagt, damit meine Freude in euch ist und damit eure Freude vollkommen wird. Das ist mein Gebot: Liebt einander, so wie ich euch geliebt habe. Es gibt keine größere Liebe, als wenn einer sein Leben für seine Freunde hingibt. Ihr seid meine Freunde, wenn ihr tut, was ich euch auftrage. Ich nenne euch nicht mehr Knechte; denn der Knecht weiß nicht, was sein Herr tut. Vielmehr habe ich euch Freunde genannt; denn ich habe euch alles mitgeteilt, was ich von meinem Vater gehört habe. Nicht ihr habt mich erwählt, sondern ich habe euch erwählt und dazu bestimmt, dass ihr euch aufmacht und Frucht bringt und dass eure Frucht bleibt. Dann wird euch der Vater alles geben, um was ihr ihn in meinem Namen bittet. Dies trage ich euch auf: Liebt einander!

Joh 15,1-17

Im Gleichnis vom Weinstock sagt Jesus nicht: »Ihr seid der Weinstock«, sondern: »Ich bin der Weinstock – ihr seid die Reben« (*Joh* 15,5). Das heißt: »So wie die Rebzweige mit dem Weinstock verbunden sind, so gehört ihr zu mir! Indem ihr aber zu mir gehört, gehört ihr auch zueinander.« Und dieses Zueinander- und Zu-ihm-Gehören ist nicht irgendein ideales, gedachtes, symbolisches Verhältnis, sondern – fast möchte ich sagen – ein biologisches, ein lebensvolles Zu-Jesus-Christus-Gehören. Das ist die Kirche, diese Lebensgemeinschaft mit Jesus Christus und füreinander, die durch die Taufe begründet und in der Eucharistie von Mal zu Mal vertieft und verlebendigt wird. »Ich bin der wahre Weinstock«, das heißt doch eigentlich: ›Ich bin ihr und ihr seid ich‹ – eine unerhörte Identifikation des Herrn mit uns, mit seiner Kirche.

Christus selber hat damals vor Damaskus den Kirchenverfolger Saulus gefragt: »Warum verfolgst du mich?« (*Apg* 9,4). Damit drückt der Herr die Gemeinsamkeit des Schicksals aus, die sich aus der innigen Lebensgemeinschaft seiner Kirche mit ihm, dem Auferstandenen, ergibt. Er lebt in seiner Kirche in dieser Welt fort. Er ist bei uns und wir mit ihm. – »Warum verfolgst du mich?« – Es ist letztlich Jesus, den die Verfolger seiner Kirche treffen wollen. Und zugleich heißt das, dass wir, wenn wir um unseres

Glaubens willen bedrängt werden, nicht allein sind. Jesus Christus ist bei uns und mit uns.

Im Gleichnis sagt der Herr Jesus noch einmal: »Ich bin der wahre Weinstock, und mein Vater ist der Winzer« (*Joh* 15,1), und er führt aus, dass der Winzer zum Messer greift, die dürren Reben abschneidet und die fruchttragenden reinigt, so dass sie mehr Frucht bringen. Gott will – um es mit dem Bild des Propheten Ezechiel zu sagen [...] – das tote, steinerne Herz aus unserer Brust nehmen und uns ein lebendiges Herz aus Fleisch geben (vgl. *Ez* 36,26), ein Herz der Liebe, der Güte und des Friedens. Er will uns neues, kraftvolles Leben schenken. Christus ist gekommen, die Sünder zu rufen. Sie brauchen den Arzt, nicht die Gesunden (vgl. *Lk* 5,31f). Und so ist, wie das Zweite Vatikanische Konzil sagt, die Kirche das »universale Heilssakrament« (*LG* 48), das für die Sünder, für uns da ist, um uns den Weg der Umkehr, der Heilung und des Lebens zu eröffnen. Das ist die immerwährende große Sendung der Kirche, die ihr von Christus übertragen ist.

Manche bleiben mit ihrem Blick auf die Kirche an ihrer äußeren Gestalt hängen. Dann erscheint die Kirche nur mehr als eine der vielen Organisationen innerhalb einer demokratischen Gesellschaft, nach deren Maßstäben und Gesetzen dann auch die so

sperrige Größe »Kirche« zu beurteilen und zu behandeln ist. Wenn dann auch noch die leidvolle Erfahrung dazukommt, dass es in der Kirche gute und schlechte Fische, Weizen und Unkraut gibt, und der Blick auf das Negative fixiert bleibt, dann erschließt sich das große und schöne Mysterium der Kirche nicht mehr. Dann kommt auch keine Freude mehr auf über die Zugehörigkeit zu diesem Weinstock »Kirche«. Es verbreiten sich Unzufriedenheit und Missvergnügen, wenn man die eigenen oberflächlichen und fehlerhaften Vorstellungen von »Kirche«, die eigenen »Kirchenträume« nicht verwirklicht sieht! Da verstummt dann auch das frohe »Dank sei dem Herrn, der mich aus Gnad' in seine Kirche berufen hat«, das Generationen von Katholiken mit Überzeugung gesungen haben.
Aber kehren wir zum Evangelium zurück. Der Herr fährt so fort: »Bleibt in mir, dann bleibe ich in euch. Wie die Rebe aus sich keine Frucht bringen kann, sondern nur, wenn sie am Weinstock bleibt, so könnt auch ihr keine Frucht bringen, wenn ihr nicht in mir bleibt, ... denn getrennt von mir – wir könnten auch übersetzen: außerhalb von mir – könnt ihr nichts vollbringen« (*Joh* 15,4).
Vor diese Entscheidung ist jeder von uns gestellt. Wie ernst sie ist, sagt uns der Herr wiederum in seinem Gleichnis: »Wer nicht in mir bleibt, wird wie die Rebe

weggeworfen, und er verdorrt. Man sammelt die weggeworfenen Reben, wirft sie ins Feuer, und sie verbrennen« (*Joh* 15,6). Dazu kommentiert der heilige Augustinus: »Eines von beiden kommt der Rebe zu, entweder der Weinstock oder das Feuer; wenn sie nicht im Weinstock ist, wird sie im Feuer sein; damit sie also nicht im Feuer sei, möge sie im Weinstock sein« (*In Ioan. Ev. tract.* 81,3 [*PL* 35, 1842]).

Die hier geforderte Wahl macht uns eindringlich die grundlegende Bedeutung unserer Lebensentscheidung bewusst. Aber zugleich ist das Bild vom Weinstock ein Zeichen der Hoffnung und der Zuversicht. Christus selbst ist durch seine Menschwerdung in diese Welt gekommen, um unser Wurzelgrund zu sein. In aller Not und Dürre ist er die Quelle, die das Wasser des Lebens schenkt, die uns nährt und stärkt. Er selbst nimmt alle Sünde, Angst und Leid auf sich und reinigt und verwandelt uns schließlich geheimnisvoll in gute Reben, die guten Wein bringen. Manchmal fühlen wir uns in solchen Stunden der Not wie in die Kelter geraten, wie Trauben, die völlig ausgepresst werden. Aber wir wissen, mit Christus verbunden werden wir zu reifem Wein. Auch das Schwere und Bedrückende unseres Lebens weiß Gott in Liebe zu verwandeln. Wichtig ist, dass wir am Weinstock, bei Christus »bleiben«. Der Evangelist verwendet das Wort »bleiben« in diesem kurzen Abschnitt ein dutzend Mal. Dieses »In-Christus-Bleiben« prägt das ganze Gleichnis. In unserer Zeit der Rastlosigkeit und Beliebigkeit, wo so viele Menschen Orientierung und Halt verlieren, wo die Treue der Liebe in Ehe und Freundschaft so zerbrechlich und kurzlebig geworden ist, wo wir in unserer Not wie die Emmausjünger rufen wollen: »Herr, bleibe bei uns, denn es ist Abend (vgl. *Lk* 24,29), es ist Dunkel um uns!« In dieser Zeit schenkt uns der Auferstandene eine Bleibe, einen Ort des Lichtes, der Hoffnung und der Zuversicht, der Ruhe und der Geborgenheit. Wo den Rebzweigen Dürre und Tod drohen, da ist in Christus Zukunft, Leben und Freude. Da ist immer Vergebung und Neubeginn, Verwandlung in seine Liebe hinein.

In Christus bleiben heißt, wie wir bereits gesehen haben, auch in der Kirche bleiben. Die ganze Gemeinschaft der Gläubigen ist in den Weinstock Christus fest hineinverfügt. In Christus gehören wir zusammen. In dieser Gemeinschaft trägt er uns, und zugleich tragen alle Glieder sich gegenseitig. Wir halten gemeinsam Stand gegen den Sturm und geben einander Schutz. Wer glaubt, ist nicht allein. Wir glauben nicht allein, wir glauben mit der ganzen Kirche aller Orten und Zeiten, mit der Kirche im Himmel und auf der Erde.

Die Kirche als Verkünderin des Wortes Gottes und Spenderin der Sakramente verbindet uns mit Christus, dem wahren Weinstock. Die Kirche als »Fülle und Ergänzung des Erlösers«, wie Pius XII. sie genannt hat (Pius XII., *Mystici corporis, AAS* 35 [1943] S. 230: »plenitudo et complementum Redemptoris«), ist uns Unterpfand des göttlichen Lebens und Vermittlerin der Früchte, von denen das Gleichnis des Weinstocks spricht. So ist die Kirche das schönste Geschenk Gottes. Daher konnte Augustinus sagen: »In dem Maß, wie einer die Kirche liebt, hat er den Heiligen Geist« (*In Ioan. Ev. tract.* 32, 8 [*PL* 35, 1646]). Mit der Kirche und in der Kirche dürfen wir allen Menschen verkünden, dass Christus die Quelle des Lebens ist, dass er da ist, dass er das Große ist, nach dem wir Ausschau halten und uns sehnen. Er schenkt sich selbst und schenkt uns damit Gott, das Glück, die Liebe. Wer an Christus glaubt, hat Zukunft. Denn Gott will nicht das Dürre, das Tote, das Gemachte, das am Ende weggeworfen wird, sondern das Fruchtbare und das Lebendige, das Leben in Fülle, und er gibt uns Leben in Fülle.

Predigt, Eucharistiefeier im Olympiastadion Berlin (Apostolische Reise nach Deutschland), 22. September 2011

In diesem kurzen Abschnitt finden wir einige Schlüsselworte, welche die vom Herrn durch diesen Text beabsichtigte Verkündigung aufzeigen. »Bleiben«: in diesem kurzen Abschnitt finden wir zehn Mal das Wort »bleiben«; dann das neue Gebot: »Liebt einander, so wie ich euch geliebt habe«, »Keine Knechte mehr, sondern Freunde«, »bringt Frucht«; und schließlich: »Bittet, betet, und euch wird gegeben werden, euch wird die Freude gegeben werden.« Bitten wir den Herrn, dass er uns helfe, in den Sinn seiner Worte einzutreten, damit diese Worte unser Herz durchdringen und so Weg und Leben in uns, mit uns und durch uns sein können.

Das erste Wort lautet: »Bleibt in mir, in meiner Liebe!« Das Bleiben im Herrn ist das grundlegende, erste Thema dieses Abschnittes. Wo sollen wir bleiben? In der Liebe, in der Liebe Christi, im Geliebtsein und im Lieben des Herrn. Das gesamte 15. Kapitel konkretisiert den Ort unseres Bleibens, insofern die ersten acht Verse das Gleichnis vom Weinstock darlegen und vorstellen: »Ich bin der Weinstock, ihr seid die Reben.« Der Weinstock ist ein alttestamentliches Bild, das sich sowohl bei den Propheten als auch in den Psalmen findet und eine zweifache Bedeutung hat: es ist ein Gleichnis für das Volk Gottes, das sein Weinberg ist. Er hat in dieser Welt einen Weinstock gepflanzt, er hat diesen Weinstock gepflegt, er hat seinen Weinberg gepflegt, er hat diesen seinen Weinberg geschützt, und mit welcher Absicht? Natürlich mit der Absicht, Früchte zu finden, das kostbare Geschenk der Trauben, des guten Weins.

Und so tritt die zweite Bedeutung hervor: Der Wein ist Symbol und Ausdruck der Freude über die Liebe. Der Herr hat sein Volk geschaffen, um die Antwort auf seine Liebe zu finden, und so hat dieses Bild vom Weinstock, vom Weinberg, eine bräutliche Bedeutung; es ist Ausdruck der Tatsache, dass Gott die Liebe seines Geschöpfes sucht, durch sein von ihm erwähltes Volk in eine Liebesbeziehung, in eine bräutliche Beziehung mit der Welt treten will.

Doch die konkrete Geschichte ist eine Geschichte der Untreue: Statt kostbare Trauben werden nur kleine »ungenießbare Dinge« hervorgebracht. Es wird nicht auf diese große Liebe geantwortet, diese Einheit, diese bedingungslose Vereinigung zwischen Mensch und Gott in der Gemeinschaft der Liebe kommt nicht zustande. Der Mensch zieht sich in sich selbst zurück, er will sich nur für sich selbst haben, er will Gott für sich haben, er will die Welt für sich haben. Und so wird der Weinberg verwüstet, der Eber aus dem Wald, alle Feinde kommen, und der Weinberg wird zu einer Wüste.

Gott jedoch gibt nicht auf: Gott findet eine neue Weise, um zu einer freien und unwiderruflichen Liebe zu gelangen, zur Frucht einer derartigen Liebe, zu den wahren Trauben: Gott wird Mensch, und so wird er selbst zur Wurzel des Weinstocks, er selbst wird zum Weinstock, und so wird der Weinstock unzerstörbar. Dieses Volk Gottes kann nicht zerstört werden, da Gott selbst in es eingetreten ist, sich in diesen Boden eingepflanzt hat. Das neue Volk Gottes ist wirklich in Gott selbst gegründet, der Mensch wird und der uns auf diese Weise dazu beruft, in ihm der neue Weinstock zu sein. Er beruft uns, in ihm zu sein, in ihm zu bleiben.

Halten wir des weiteren fest, dass wir im 6. Kapitel des Johannesevangeliums die Rede über das Brot finden, die zur großen Rede über das eucharistische Geheimnis wird. Hier im 15. Kapitel haben wir die Rede über den Wein: Der Herr spricht nicht ausdrücklich von der Eucharistie, doch steht natürlich hinter dem Geheimnis des Weines die Wirklichkeit, dass er für uns zur Frucht und zum Wein geworden ist, dass sein Blut die Frucht der Liebe ist, die für immer aus der Erde hervorgeht, und dass in der Eucharistie sein Blut zu unserem Blut wird, dass wir neu werden, eine neue Identität empfangen, da das Blut Christi unser Blut wird. So sind wir im Sohn mit Gott verwandt, und in der Eucharistie verwirklicht sich diese große Wirklichkeit des Weinstockes, in der wir Reben sind, die mit dem Sohn und so mit der ewigen Liebe vereint sind.

»Bleibt«: in diesem großen Geheimnis bleiben, in diesem neuen Geschenk des Herrn bleiben, der uns zum Volk in sich selbst gemacht hat, in seinem Leib und mit seinem Blut. Es scheint mir, dass wir viel über dieses große Geheimnis nachdenken müssen, das heißt, dass Gott selbst zum Leib wird, eins mit uns; Blut, eins mit uns; dass wir, indem wir in diesem Geheimnis bleiben, in der Gemeinschaft mit Gott selbst bleiben können, in dieser großen Liebesgeschichte, welche die Geschichte des wahren Glücks ist. Während wir dieses Geschenk betrachten – Gott ist mit uns allen eins geworden und vereint uns untereinander, er macht aus uns einen Weinstock –, müssen wir auch zu beten beginnen, dass dieses Geheimnis immer mehr in unseren Geist eindringt, in unser Herz, und dass wir immer mehr fähig sind, die Größe des Geheimnisses zu sehen und zu leben und so beginnen, diesen Imperativ zu verwirklichen: »Bleibt!«

Wenn wir in diesem Abschnitt aus dem Evangelium des Johannes aufmerksam weiterlesen, so finden wir außerdem einen zweiten Imperativ: »Bleibt« und »Haltet meine Gebote«. »Haltet meine Gebote« ist nur die zweite Ebene; die erste ist die des »Bleibens«, die ontologische Ebene, das heißt: dass wir mit ihm vereint sind, der uns sich selbst im Vorhinein gegeben hat, der uns als Frucht seine Liebe gegeben hat. Nicht wir müssen die große Frucht hervorbringen; das Christentum ist kein Moralismus, nicht wir müssen das tun, was Gott sich von der Welt erwartet, sondern wir müssen vor allem in dieses ontologische Geheimnis eintreten: Gott gibt sich selbst. Sein Sein, sein Lieben geht unserem Handeln voraus, und im Kontext seines Leibes, im Kontext des Bei-ihm-Seins, des Einsseins mit ihm, geadelt durch sein Blut, können auch wir mit Christus handeln.

Die Ethik ist eine Folge des Seins: zuerst gibt uns der Herr ein neues Sein, das ist das große Geschenk; das Sein geht dem Handeln voraus, und diesem Sein folgt dann das Handeln, gleichsam eine organische Wirklichkeit, da wir das, was wir sind, auch in unserem Tun sein können. Und so danken wir dem Herrn, da er uns vom reinen Moralismus befreit hat; wir sollen keinem Gesetz gehorchen, das einfach vor uns steht, sondern wir müssen allein entsprechend unserer Identität handeln. Somit handelt es sich nicht mehr um einen Gehorsam, um etwas Äußeres, sondern um eine Verwirklichung des Geschenks des neuen Seins.

Ich sage es noch einmal: Danken wir Gott, dass er uns vorangeht und uns das gibt, was wir geben müssen, und wir können dann in der Wahrheit und in der Kraft unseres neuen Seins Handelnde in seiner Wirklichkeit sein. Bleiben und die Gebote halten: das Halten der Gebote ist ein Zeichen des Bleibens, und das Bleiben ist das Geschenk, das er uns gibt, das jedoch jeden Tag unseres Lebens erneuert werden muss.

Es folgt dann dieses neue Gebot: »Liebt einander, so wie ich euch geliebt habe.« Es gibt keine größere Liebe, als wenn einer »sein Leben für seine Freunde hingibt«. Was heißt das? Auch hier geht es um keinen Moralismus. Man könnte sagen: »Das ist kein neues Gebot; das Gebot, den Nächsten wie sich selbst zu lieben, gibt es bereits im Alten Testament.« Einige sagen: »Eine derartige Liebe muss noch mehr radikalisiert werden, diese Liebe zum anderen muss Christus nachahmen, der sich für uns hingegeben hat; es muss ein heldenhaftes Lieben sein, bis hin zur Selbsthingabe.« In diesem Fall aber wäre das Christentum ein heroischer Moralismus. Es ist wahr, dass wir bis zu dieser Radikalität der Liebe vorstoßen müssen, die uns Christus gezeigt und geschenkt hat, aber auch hier besteht die wahre Neuheit nicht in dem, was wir tun, die wahre Neuheit ist das, was er getan hat: der Herr hat uns sich selbst gegeben, und der Herr hat uns die wahre Neuheit geschenkt, die darin besteht, Glieder seines Leibes, Reben des Weinstocks zu sein, der er ist. Die Neuheit also ist das Geschenk, das große Geschenk, und aus dem Geschenk, aus der Neuheit des Geschenks folgt auch, wie ich gesagt habe, das neue Handeln.

Der hl. Thomas von Aquin sagt dies sehr genau, wenn er schreibt: »Das neue Gesetz ist die Gnade des Heiligen Geistes« (*Summa theologiae*, I-IIae, q. 106, a. 1). Das neue Gesetz ist kein weiteres Gesetz, das schwieriger wäre als die anderen: Das neue Gesetz ist ein Geschenk, das neue Gesetz ist die Gegenwart des Heiligen Geistes, der uns im Sakrament der Taufe, in der Firmung und jeden Tag in der Allerheiligsten Eucharistie gegeben wird. Die Kirchenväter haben zwischen *»sacramentum«* und *»exemplum«* unterschieden. *»Sacramentum«* ist das Geschenk des neuen Seins, und dieses Geschenk wird auch zum Beispiel für unser Handeln, das »sacramentum« jedoch kommt zuerst, wir leben aus dem Sakrament. Hier sehen wir die Zentralität des Sakraments, welche die Zentralität des Geschenks ist.

Ansprache bei der »Lectio divina« mit den Seminaristen (Besuch im Päpstlichen Priesterseminar anlässlich des Festes der Gottesmutter Maria vom Vertrauen), 12. Februar 2010